KB162948

Vorremmo ringraziare di cuore
il professor Giorgio Agamben.

Moonjung Park
Hyohyung Publishing Company

얼굴 없는 인간

얼굴 없는 인간

팬 데 믹 에 대 한
인 문 적 사 유

조르조 아감벤

박문정 옮김

효형출판

괴물 리바이어던이 된
국가가 만드는
위험에 대한
근원적 문제 제기

강우성

서울대학교 영어영문학과 교수
『잃어버린 시간의 연대기』(슬라보예 지젝 지음) 번역

인류에게 팬데믹은 초대하지 않은 손님이다. 불청객이 한순간 집 안을 점령하고 주인 행세를 하고 있다. 이 낯설고 수상한 타자의 등장으로 인해 우리의 삶이 한꺼번에 달라졌다. 누군가는 속절없이 허무하게 삶을 뒤로하고 떠났고, 남은 사람들은 모두 얼굴을 가리고 뿔뿔이 흩어져 서로 거리를 두게 되었다. 생명체라고 부를 수도 없는 미물로 인해 '만물의 영장'을 자임하던 인간은 초라한 존재가 되었다.

바이러스가 뒤바꾼 삶을 두고 여러 진단이 나왔다. 모든 나라는 서둘러 문단속을 하고 사람들을 움직이지 못하게 했다. 모두가 이 상황을 비상 사태로 보았고, 잃어버린 '일상'이 어서 빨리 돌아오길 기원했다. 사회적 거리 두기와 방역이 가장 민감한 화젯거리가 되고 나니, 사람들은 이 예외 상황을 새로운 '노멀'로 받아들여야 하며 지금껏 우리가 지구 환경을 파괴하며 누린 모든 혜택을 포기해야 한다고 주장한다. 인간이 만들어 낸 문명은 팬데믹 앞에 속절없이 정지되었다.

그런데 바이러스는 정말 문명의 불청객이고 인류의 타자인가. 순응하는 사람들을 향해 누군가 다른 목소리를 낸다. 바이러스를 인류가 싸워 이겨야 할 적이라고 받아들이면, 우리 곁의 다른 인간 존재를 바이러스로 여기는 논리가 들어설 수 있다고 외친다. 많은 사람이 그를 비웃고 비판했다. 그러나 많은 오해와 달리, 그는 팬데믹에 맞선 방역과 인류의 건강에 반대하지 않는다. 인간의 자유와 인류 문명의 가치를 정지시킨 사태가 장기적으로 일상화될 위험을 경고한다. 그에게 민주주의와 자유는 그 어떤 예외 상황으로도 제한되어서는 안 되는 지고의 가치다.

팬데믹이 새로운 일상이 되고 사람들이 방역 조치에 익숙해질 무렵 이러한 아감벤의 주장은 쉽게 받아들여지지 못했다. 바이러스 감염의 공포가 사람들에겐 더 컸던 까닭일 터. 방역과 봉쇄라는 비상 조치가 건강의 수호라는 목적으로 시행될 때, 인간의 목숨만큼 중요한 절대적 가치가 있다고 떠드는 일은 기독교 문명 한복판에서 신이 죽었다고 외쳤던 자라투스트라를 떠올리게 한다. 팬데믹의 위험이 의료 과학과 '바이오보안'의 이름으로 인간의 자유를 억압한다면, 나아가 통제받지 못한 국가 권력이 디지털 기술로 대중들을 관리하는 상황을 묵인한다면, 인간의 미래는 무소불위의 전체주의로 귀결되고 조지 오웰의 『동물농장』은 현실이 될 것이다.

팬데믹에 맞서 전 지구적 협력 체계와 공산주의의 가능성을 제시하는 입장을 우리말로 소개한 처지에서는 처음에 아감벤의 논리를 받아들이기 힘들었다. 세계 도처에서, 특히 그가 살고 있는 이탈리아에서 날마다 의미 없이 죽어 가는 수많은 사람의 모습을 보며, 국가 통제의 위험성을 경고하는 그의 생각이 감염병의 심각성을 모르는 한 이상주의자의 불평으로 들렸다. 얼굴이 가장 인간적인 장소라는 철학적 지혜, 사회적 거리 두기가 우리를 벌거벗은 목숨으로 만들 것이라는 경고, 전체주의와 새로운 파시즘의 등장에 대한 정당한 우려가 한가한 몽상으로 여겨졌다.

그가 정말 팬데믹 시대의 자라투스트라일지 모른다는 생각을 하게 된 것은 이 책에 실린 '사랑이 폐지되었다'는 그의 시를 읽고 나서다. 삶을 지킨다는 명분으로 인류가 목숨을 바쳐 쌓아올린 생명의 권리가 폐지될 수 있다는 경고가 폐부를 찔렀다. 방역과 통제가 궁극적으로 지향하는 생명의 보호가 바로 그 조치로 인해 파괴될 수 있다면 이 모든 비상 대처가 무슨 의미가 있겠는가. 물리적 생명의 수호가 우리의 사회적 삶을 파괴할 수 있다면 마땅히 경계해야 할 것 아닌가.

아감벤에게 정치는 사람을 통제하는 권력의 문제가 아니라 세상을 바꾸는 일이다. 그가 팬데믹 상황에서 디지털 기술로 통제하는 전체주의 조짐을 읽어 내고 괴물 리바이어던이 된 국가가 만드는 '안보 상태'의 위험을 떠올리는 맥락은 여기에 있다. 이 주장의 진실 가치와 타당성 여부를 떠나, 누군가는 이렇게 소리쳐야 맞다. 모두가 초조하게 불안을 안고 일상의 회복만을 바랄 때, 우리가 가는 길이 과연 옳은지 누군가는 되물어야 마땅하다. 그래서 나는 이 책에서 쉼 없이 쏟아 내 온 팬데믹에 관한 그의 진단들이 음모론으로 치부되는 일에 단호히 반대한다. 모두가 팬데믹 이후의 세계를 그려 보는 지금이야말로 그의 주장에 진지하게 귀 기울여야 할 때라고 나는 믿는다. 긴급 사태가 정상 규범이 되고, 세상을 바꾸는 정치가 실종되는 미래를 원치 않기 때문이다.

하지만 그에게 하나의 질문만은 던지고 싶다. 나 스스로에게 건네는 물음이기도 하다. 우리가 비상 사태를 받아들이는 이유가 정말 팬데믹이 불러온 두려움 때문이기만 한 것일까? 인권과 자유는 살아 있는 인간들의 아무런 통제 없는 접촉에서만 가능한가? 세상을 바꾸자는 그의 정치가 혹시 인간만을 위한 지구의 모습은 아닐까? 팬데믹을 진단하는 여러 목소리 가운데 내가 브루노 라투르의 생각에 가장 공감하는 까닭이 이 질문에 담겨 있다. 팬데믹은 앞으로 인류에게 닥칠 더 커다란 재앙의 '총연습'이나 예고편일 수 있다. 내가 정말로 두려워하는 것은 팬데믹의 교훈을 망각하고 인간 중심주의로 돌아갈 우리의 미래다.

이 책에 실린 아감벤의 생각을 처음 접한 것은 영어로 번역된 글이었다. 우리말로 깔끔하게 옮겨진 글들을 다시 읽으며 이상주의자가 아닌 현실주의자 아감벤을 발견할 수 있었다. 이 책을 팬데믹에 관한 다른 글들과 나란히 읽는다면, 우리가 이 위기를 더 슬기롭게 이겨 낼 지혜를 얻게 되리라 나는 확신한다. 갈 길은 멀고 험하지만 그 길을 밝히는 등불은 이미 여기저기 밝게 타오르고 있다. 이 책의 출간이 그중 하나이길 바라며 진심으로 환영한다.

근대 이후 전개되어 온 생명정치의 공고화에 벌거벗겨진 세계

이택광

경희대학교 글로벌커뮤니케이션학부 교수

코로나 팬데믹에 대한 많은 철학자의 발언이 있었다. 이름만 들어도 알 만한 이들이 내놓는 진단과 대책은 강단에 머물던 '철학'이라는 사유의 방식이 시시각각 변하는 현안과 직접적으로 부딪히는 '낯선 만남'을 초래하기도 했다. 아감벤은 이런 충돌의 한가운데에서 소용돌이를 만들어 낸 대표적인 철학자였다. 그가 내놓는 의견들은 장-뤽 낭시와 슬라보예 지젝 같은 동료 철학자들의 반론과 충돌했다. 그럼에도 그는 의지를 꺾지 않고 온라인을 통해 계속 말을 쏟아 냈다.

선정적인 언론 보도들은 철학자의 말에 드리운 여러 가지 맥락을 돌아볼 여유에 인색했다. 이번 팬데믹을 '가벼운 독감' 정도로 표현한 아감벤의 초기 오판도 그의 주장에 대한 주의 깊은 접근을 방해했다. 이런 삐걱거림을 아감벤만 보여 준 것은 아니다. 한병철은 유럽과 대조적인 한국을 포함한 아시아 국가들의 성공적 대응을 '유교' 탓으로 돌리기도 했고, 알랭 바디우는 글로벌 대도시인 중국의 우한을 박쥐가 출몰하는 오지로 오인하기도 했다. 아감벤의 실수 역시 코로나 팬데믹의 규모와 영향을 과소 평가한 결과라고 할 수 있다.

그러나 이런 한계가 있었음에도 그의 글들이 일관되게 전하고자 하는 메시지를 싸잡아 무시하는 것 또한 너무 성급한 결론이 아닌가 싶다. 현실 사회주의 블록의 해체 이후에 자유주의 정치철학을 가로지르는 독특한 관점을 선보였던 그의 사유가 왜 그렇게 귀결되었는지 따져 볼 필요는 충분하다고 생각한다. 이 책에 담겨 있는 내용들을 따라 읽으면서 나는 동의할 수 없는 주장들과 마주치기도 했지만, 근본적인 관점에서 아감벤이 제기하는 문제를 소홀하게 취급할 수 없었다.

세간에 알려진 것처럼 그는 단순하게 마스크 쓰기 반대 운동을 하고 있는 것이 아니다. 여기 묶인 짧은 글들에서 그는 지금 벌어지고 있는 상황에 대해 무기력할 수밖에 없는 비판적 사유를 다시 살려내고자 고군분투하고 있었다. 일방적인 비상 사태의 선포에 묵묵히 따르는 분위기에 그는 절망하고 있었다. 사랑하는 이가 사망해도 장례식조차 참관할 수 없는 무소불위의 조처에서 그는 독재의 그림자를 발견하고 경악한다. 뜬금없이 보이기도 하겠지만, 이 책에서 개진하는 생각이 그의 저작을 관통하는 하나의 입장에서 기인하는 것이라는 사실을 부정하긴 어렵다.

이런 관점에서 보면, 아감벤은 팬데믹의 상황을 성찰하지 않는 게으른 우리의 사유를 질타하는 것에 가깝다. 처음 글을 발표한 뒤에 그는 자신의 문제 의식을 더 정교하게 다듬어서 일련의 인터뷰를 진행했다. 물론 다소 선정적인 보도 때문에 그의 진의가 가려진 측면이 없지 않아 있지만, 이어진 인터뷰에서 그는 좀 더 명료한 의견들을 개진했다. 아감벤의 생각을 요약하자면, 근대 국가의 정치에서 언제나 중요하게 다루어졌던 문제는 생물학적인 생명이었고, 그래서 질적으로 나은 생명 또는 삶의 영위에 대한 고찰은 사소하게 취급당하거나 누락되어 왔다는 것이다. 팬데믹 상황은 이런 근대 국가의 논리를 더욱 강화하고 자명한 것으로 받아들이게 강요하고 있다는 주장이다.

이런 의미에서 작금의 팬데믹은 생물학적 생명을 우위에 놓았던 근대 정치, 다시 말해서 생명정치의 공고화를 의미한다는 것이 아감벤의 입장이다. 아감벤이 지금 벌어지고 있는 상황을 독재로 규정하는 까닭이다. 이 상황은 질적으로 나은 삶에 대한 요구의 근거가 되는 인권 개념의 붕괴를 뜻하는 것이기도 하다. 인권이냐 방역이냐 선택의 문제에서 아감벤은 인권의 가치가 속절없이 양보당하는 것을 두려움이 가득한 시선으로 목도하고 있다. 물론 이런 인권의 가치를 끊임없이 마멸시키고 무력화한 주범은 자본주의의

13

경제 논리이고, 이에 근거해서 '벌거벗은 삶'을 방치하고 배제하는 국가 장치들이다.

　물론 최대한 선해(善解)한다고 하더라도, 지젝의 비판처럼, 이런 아감벤의 관점이 다분히 유럽 중심주의적이라는 것은 부정하기 어렵다. 아감벤이 옹호하는 인권의 문제는 본질적으로 주어진 것이라기보다 지속적으로 쟁투를 통해 형성되어 가는 것에 가깝다. 유럽이 절대적 인권의 보편성을 즐겨 운위할 때에도, 유럽의 바깥이라고 부를 수 있는 지역에서 인권이라는 개념을 둘러싼 쟁투는 계속 벌어지고 있었다.

　몇 년 전에 발생한 샤를리 에브도에 대한 공격[1]은 유럽인들이 자명한 것으로 여겼던 표현의 자유란 것이 비유럽인들에게는 목숨을 건 문제였다는 사실을 각인시켰다. 유럽이 아닌 곳에서 인간의 기본권에 대해 주장하는 것 자체가 유럽인 당사자들의 이해관계로 인해 불온시되고, 테러의 대상이 되었다는 것은 부정할 수 없는 역사적 사실이다. 이런 맥락에서 유럽의 안정을 가능하게 만들었던 지정학적인 구조가 거대한 변동을 맞이할 수밖에 없다는 사실을 샤를리 에브도 테러가 보여 주었다.

　아감벤이 고민하는 문제들은 사실상 근대 이후 전개된 세계사의 쟁점들이기도 하다. 팬데믹은 이 쟁점들을 가리고 있던 장막을

1　2015년 1월 7일 이슬람 원리주의 성향의 두 테러리스트가 프랑스 파리에 소재한 풍자 신문 『샤를리 에브도(Charlie Hebdo)』 본사를 급습하여 총기를 난사한 사건이다. 12명이 사망하고 10명이 부상당했다.

걷어 내고, 그 날것의 의미를 그대로 보여 주고 있다. 아감벤의 우울은 이런 폭력 앞에서 아무런 행동도 취할 수 없는 철학자의 한계를 드러내는 것일지도 모른다. 그러나 이런 무능은 역설적으로 팬데믹에 대한 우리 사유의 아포리즘이기도 하다. 기존에 믿었던 가치들이 무너지고, 새로운 상황들이 도래했다.

이 파괴의 폐허에서 우리는 다시 새로운 사유의 실마리를 찾아 나가야 한다. 아감벤이 어두운 마음으로 지켜보고 있는 상황에서 우리는 다시금 세계를 만들어 가야 하는 것이다. 그것이 생명의 약동에 내재한 원리다. 이런 의미에서 이 책을 읽어 볼 의무가 있다. 전후 세계를 풍미했던 어떤 정치의 희망이 절망으로 바뀌는 순간을 시시각각 목격할 수 있다는 점에서 이 책은 당면한 사유의 과제를 오롯이 드러내고 있다. 역자 박문정 선생의 노고를 통해 이탈리아어에서 한국어로 다시 태어난 아감벤을 읽는 것도 커다란 혜택이다. 역자의 역량에 경의를 표한다.

예외상태, 예외상태.

우리는,
두려움 없이,
다시 사랑할 수 있을까

남수영

한국예술종합학교 영상이론과 교수

작년부터 세계는 특수한 정지 상태를 겪어 오고 있다. 봉쇄, 격리, 통금, 감시, 고발, 강제 검사 등 듣기만 해도 옥죄는 듯한 치안 장치들이 용인되었다. 제재와 긴급 지원이 번갈아가며 이 정지 상태를 지속시키고 있다. 이에 대한 담론은 어떠한가? 2020년 봇물 터지듯 이어졌던 팬데믹 특집의 학술 대회들은 이제 '포스트-팬데믹'으로 간판만 바꾸어 같은 말을 반복하고 있다. 이렇게 예외상태는 뉴노멀이란 말로 일상이 되어 가는 중이다.

2020년 팬데믹은 보기만 해도 공포스러운 빨간 침들로 무장한 바이러스의 이미지, 미처 거두어지지 못한 시체들과 같은 이미지와 함께 무서운 전파력과 악명 높은 치사율로 각인되었다. 이 비상사태는 우리 인류가 겪고 있는 그 어떤 위기보다 더 위험한 '절대 위기'로 인식되고 있다. 반론이나 토론의 시도는 음모론이나 비과학으로 간주되고, 때론 죽음에 대한 정당한 애도조차 불순한 정치화의 시도로 받아들여지기도 했다.

부인할 수 없는 현재의 예외상태에 대해, 벌거벗은 생명과 생명

정치, 상시화된 예외상태에 대한 각성에 힘 쏟던 79세의 철학자가 침묵할 수 있었을까. 인간들 사이에 가능한 순수 수단으로서의 관계인 '접촉'은 어느샌가 '전염 가능성'과 같은 말이 되고, 그 사이를 비집고 디지털 기계 장치는 더욱 지배적이 되었다. 그 가능성이 '봉쇄, 격리, 통금, 감시, 고발' 같은 단어의 위기감을 지워 버렸다면, 더 이상 '사소한' 위기를 말하는 것이 허락되지 않는다면, 이러한 전체주의의 신호를 누군가는 지적해야 하는 것이 아닌가. 고도화된 자본주의적 통치 장치들에 대한 비판에서는 함께했던 많은 동료 학자들마저 그의 이런 지적에는 철없는 노학자의 아집이라며 거리를 두었다. 하지만 이러한 태도는 과학만능주의와 인공지능의 시대에 인문학의 쓸모를 운운하는 것만큼이나 폭력적이다. 생명을 지키기 위해 생명정치의 비판을 접어 두자는 논리는 그저 끊임없이 스스로를 갱신하는 예외상태의 논리와 일치한다.

이 책은 2020년 대규모 봉쇄가 일상화된 유럽, 하루에 수백 명씩 사망자가 발생하던 이탈리아에서, 팬데믹의 한복판에서 모든 비난의 화살을 뚫고 아감벤이 꿋꿋하게 말하고자 했던 것이 무엇인지 명확하게 보여 주고 있다.

그가 지적한 것은 정당성을 검증해야 하는 거창한 주장들이 아니다. 그는 우리가 오래전부터 고민해 오던 것들, 자본주의적 장치의 세밀화로 점차 어떤 신성화도 끼어들 수 없는 순수한 접촉의 가능성이 사라져 가는 이 내전 상태(stasis)에서, 희박해져 가는 자유의 기억, 사랑의 가능성에 대해 묻고 있다. 상시화된 긴급 상황은 헌법뿐 아니라, 이전의 모든 예외상태를 넘어 스스로의 생명을 이어가고 있다. 종교나 인류애, 그리고 진실이 웃음거리가 되는 이때, 어쩌면 그가 말하고자 한 것은 방역의 불필요함이 아니라 피할 수 없는 면역 불가능성이 아니었을까. 마치 사랑의 열병처럼, 우리는 나 스스로를 무너뜨리는 감염의 힘으로 타자를 품으며 사랑해 오지 않았던. 사랑은 삶의 자율성뿐 아니라 세상에 대한 개방성의 징후들, 그 불안과 두려움의 원인이자 결과가 아닌가.

나는 이 책을 우리 시대 철학자의 절박한 호소로 읽는다.

끊임없이 갱신되는 긴급 상황, 그리고 폐기되고 있는 사랑에 대한 호소로.

목차

일러두기

· 정치철학, 문예사조를 넘나드는 글이기에 일부 문장은 한국 독자들을 위해 적극적으로 의역했다.

· 예외상태, 긴급상태, 바이오보안, 호모사케르, 생명정치 등 주요하게 다뤄지는 개념은 띄어쓰기를 적용하지 않았다.

· 신문, 도서, 시구는 『 』, 그림은 ◇로 표기했다.

I

Enorme conversione

거대한 전환

"배가 침몰 중인데, 우리는 배에 실린 화물을 걱정하고 있다."

- 히에로니무스[1]

　나는 여전히 진행 중인 보건 긴급 사태, 그리고 그로 인한 예외 상태[2]가 지속되는 동안 썼던 글들을 이 책에 엮었다. 이른바 팬데 믹이라고 불리는 정치적·윤리적 결과를 반영하는 동시에 예외적 조치로 변화된 정치적 패러다임을 정의하고자 한다. 몇 개의 글은 매우 짧지만, 시의적절한 순간마다 의견을 낸 것들이다.

　긴급 사태가 시작된 지 여러 달이 지난 이 시점이 우리가 직접 겪은 사건들을 좀 더 폭넓은 역사적 관점에서 고려해야 할 때다. 세상을 지배하는 권력자들이 기존 정부의 패러다임을 전복하여 바꾸고자 팬데믹을 이용하려고 마음먹었다면, 그들의 행위가 진짜인지, 위장인지는 중요하지 않다. 다시 말해 이 세력들이 보기에는 이전의 정치 모델들은 퇴보하고 있었고 앞으로 맞닥뜨릴 변화에는 맞지 않았다는 것을 의미한다. 이는 마치 3세기 로마 제국

1　히에로니무스(Hieronymus, 347-420)는 기독교의 성인으로, 서방 교회 4대 교부 중 한 사람이다. 히브리어 원본의 성경을 연구한 성서학자로 유명하다. 그의 가장 큰 업적은 그리스어 역본인 『70인역(LXX)』을 히브리어 원문과 직접 대조하면서 라틴어 역본을 개정한 일이다.

2　아감벤이 논의하는 '예외상태(Stato di Eccezione)'란 법이 스스로 효력을 정지시키면서도 살아 있는 자들을 묶는 상태다. 즉, 인간이 법의 보호 밖에 존재하면서 자유로울 수 없는 상태에 있는 것이다. 그리고 이런 상태에 존재하는 자를 '벌거벗은 삶(Vita Nuda)',

'호모사케르(Homo Sacer)'라고 하였다. 아감벤은 내전, 나치즘과 파시즘, 아우슈비츠 등을 예외상태와 호모사케르 개념으로 분석하였다.

콘스탄티누스(Flavius Valerius Constantinus,
274-337)는 전성기를 지난 로마 제국의 부흥을
위해 재임 시절 급진적인 개혁에 착수해 원망을
사기도 했다. 그는 유럽 사회의 근간이 된
기독교를 공인한 최초의 로마 황제였다.

피터 폴 루벤스(Peter Paul Rubens, 1577-1640)가 1621년에
그린 〈콘스탄티누스에게 나타난 그리스도의 상징(The
Emblem of Christ Appearing to Constantine)〉.

을 뒤흔든 위기의 시기에 디오클레티아누스와 콘스탄티누스가 행정·군사·경제 구조의 급진적인 개혁에 착수했을 때와 같다. 이들은 구상한 본인들에게조차 명확하지 않은 어렴풋한 밑그림을 따라 새로운 제도적 장치를 도입하기 위해 부르주아 민주주의 체제 속에서 기존의 권리, 의회와 헌법을 미련 없이 포기했다.

그러나 이들이 강요하는 '거대한 전환'[3]은 제도적 틀 안에서 가능한 입법을 통한 행위가 아닌 헌법적 보장이 말 그대로 정지된, 예외상태라는 것이다. 이는 1933년 독일에서 벌어진 일과 연결되는 지점이 있다. 당시 신임 총리였던 아돌프 히틀러가 바이마르 헌법을 공식적으로 폐지하지 않고 선언한 예외상태는 12년 간 지속되었다. 이는 명백히 유효했던 헌법 조항을 무력화한 것이었다. 나치가 전체주의 이데올로기를 전개하려는 목적으로 예외상태를 필요로 했던 반면, 현재 우리가 목격하고 있는 급격한 변화는 그 양상이 다르다. 보건이 일종의 종교처럼 불가침의 영역이 되었고, 이는 보건 공포가 조성된 상태에서 이루어졌다. 사람들이 눈치채지 못하는 사이, 부르주아 민주주의 전통에서 시민의 보건에 대한 권리는 어떤 대가를 치르더라도 반드시 이행되어야 하는 법적, 종교적 의무로 변환되었다. 우리는 이를 파악하고 분석할 수 있기에 앞으로도 당국이 예외 조치가 필요하다고 할 때마다 계속해서 신중

3   1944년에 출판된 오스트리아 출신의 정치경제학자 칼 폴라니(Karl Paul Polanyi, 1886-1964)의 저서 『거대한 전환(The Great Transformation)』을 연상시킨다.

하게 현상을 파악할 것이다.

우리는 이러한 당국의 조치들을 새로운 종교가 된 보건과 예외 상태의 국가 권력 사이의 결합에서 비롯된 '바이오보안'이라 부를 수 있다. 이는 서양 역사에서 아마도 가장 강력한 효력이 있을 것이다. 현재까지의 상황을 보면, 건강상에 위협받는 문제가 발생하면 인류는 두 번의 세계대전이나 전체주의 독재하에서도 감히 꿈도 꾸지 못했던 자유의 제한을 기꺼이 받아들이는 것처럼 보인다. 2021년 1월 31일까지 연장된 예외상태는 시민과 담당 기관의 이의 제기 없이 발효되었다. 아마 이탈리아 역사상 가장 긴 합법적 정지 상태로 기억될 것이다. 중국 다음으로, 이탈리아는 서구 사회에서 새로운 통치술이 가장 극단적인 형태로 자행된 실험실이었다. 어쩌면 미래의 역사가들이 팬데믹 도중 벌어진 일들이 무엇인지 명확히 파악한다면 이 기간은 이탈리아 역사상 가장 부끄러운 순간 중 하나로 판명될 수도 있다. 어떠한 윤리적 양심의 가책도 없는 무책임한 사람들이 국가를 이끌었다고 드러날 것이다.

만일 '거대한 전환'의 정치적 사법적 장치가 예외상태이고 과학이 하나의 종교가 된 것이라면, 최근 명백하게 드러난 것처럼 과학 기술은 인간의 사회적 관계 규정을 디지털 기술에 위탁한 것이나 마찬가지다. 그리고 사람들의 관계를 새롭게 정의하는 '사회적 거리 두기'라는 시스템을 만들었다. 인간관계는 모든 수단을 동원하고서라도, 가능한 한 물리적 접촉을 최소화하게 만들었다. 그리고 이미 그래 왔던 것처럼 점점 더 효과적이고 널리 보급되는 디지털 기기들을 통해 이러한 조치들이 이뤄질 것이다. 사회관계는 접속의 한 형태로 바뀔 것이며, 접속하지 않은 자는 모든 관계에서 배제되고, 소외되고, 비난받을 것이다.

'거대한 전환'이 지속적으로 효력을 발휘하려면 보건 공포의 확산과 이에 대한 비판 의식이 없는 미디어를 필요로 하는데 이를 유지하기는 쉽지 않을 것이다. 모든 종교와 마찬가지로 신성화된 의료 과학은 이단과의 불협화음이 있다. 이미 여러 방면에서 권위 있는 지식인들이 전염병의 심각성과 현실에 관해 수차례 이의를 제기했다. 과학적으로 일관성이 없는 통계치를 매일 언급하면서 이 상태가 무기한 유지될 수는 없을 것이다. 그리고 이를 가장 먼저 인지하게 될 집단은 권력자일 가능성이 높다. 만약 이들이 자신들의 존재가 위협받고 있다고 생각하지 않았다면, 분명히 이렇게까지 극단적이고 비인간적인 조치들에 의지하지는 않았을 것이다. 지난 수십 년간 제도적 권력의 정당성은 점차 약화됐고, 권력자들은 영구적인 긴급 사태를 불러일으킬 만한 보안 강조만이 자신들이 처한 위기 상황을 타개할 수 있다는 것을 알고 있었다. 현재의 예외상태를 얼마만큼 오래, 그리고 어떤 방식으로 연장할 수 있을까? 분명한 점은 새로운 형태의 저항이 필요할 것이다. 그리고 사람들은 정치 제도와 사상에 대한 성찰에 헌신해야 한다. 오래되고 낡은 형태의 부르주아 민주주의 혹은 이를 대체하고 있는 기술-보건적 독재주의를 그대로 용인해서는 안 될 것이다.

Ⅱ

L'invenzione di un'epidemia

전염병의 발명

코로나 바이러스로 인해 촉발된 광란적이고 비합리적이고 근거가 미약한 긴급 조치에 직면하여 이탈리아 국가연구센터의 선언으로 부터 논의를 시작해야겠다.

"이탈리아에는 코로나-19 전염병이 없다."

이뿐만이 아니다.

"수만 건의 데이터에 따르면 감염자의 80~90%에게서 일종의 독감과 같은 경증 혹은 중증 증세가 나타난다. 감염자의 10~15% 에서 폐렴이 발생할 수 있지만, 절대다수는 그저 지나가는 증상만 보인다. 중환자실에 입원이 필요한 경우는 전체 환자의 4%에 불 과한 것으로 추정된다."

이것이 실제 수치라면, 왜 언론과 당국은 패닉을 전파하기 위해 노력하며 전국적으로 엄격한 이동 제한 조치를 시행하고, 일상과 업무를 중단시키는 예외상태를 조장하는가?

두 가지 요인이 이러한 과도한 행위를 설명하는 데 도움이 될 수 있다. 우선, 예외상태를 정부의 정상적인 패러다임으로 사용하는 경향이 다시 증가하고 있다는 점이다. 보건 및 공공 안전을 이유로 정부가 즉각적으로 승인한 법령은 '감염의 출처를 모르는 양성 확진자가 한 명 이상 발생하거나 이미 바이러스 감염자가 발생한 지역, 감염의 출처를 알 수 없는 상황에 해당하는 지자체'에 계엄 사태를 초래한다. 이러한 모호하고 불확실한 기준 탓에 유사 사례가 다른 지역에서도 발생하지 않을 거라고 보기는 어렵다. 결국 예외상태가 다른 지역에도 빠르게 적용된다. 이제 법령에 따른 심각한 수준의 제한 조치들을 살펴보겠다.

a) 해당 지역에 있는 모든 개인은 자치 도시 혹은 관련 지역에서 이탈 금지

b) 공공기관 및 공공기관과 연관된 구역 접근 금지

c) 실내외를 포함한 문화·레크리에이션·스포츠 및 종교적인 성격의 모임, 공적·사적 공간에서 진행하는 회의와 행사, 모든 종류의 행동·시위의 중지

d) 어린이 교육 서비스는 물론이고 학교의 등교 및 고등 교육까지도 원격 학습 활동을 제외하고 모두 중지

e) 문화재 및 경관법 제 101조에 기재되어 있는 박물관·기타 문화기관 및 장소에 대한 공개 서비스 중단. 2004년 1월 22일 입법령 42조에 따른 이러한 기관 및 장소에 대한 무료 입장과 자유로운 이용에 관한 규정도 정지

f) 이탈리아 국내외를 포함한 모든 종류의 수학여행 중단

g) 필수적인 서비스 혹은 공공재 제공을 제외한 관공서의 모든 활동과 공개 채용 절차 중지

h) 확진자와 밀접 접촉한 개인의 적극적 감시와 격리 조치 적용

이탈리아 국가연구센터에 따르면 매년 발생하는 독감과 크게 다르지 않은, 평범한 인플루엔자 중 하나인데 이에 대한 대응이 두드러지게 지나치다. 예외적 조치 덕분에 폭력적 형태의 테러가 사라진 것처럼 얘기하지만, 실상 전염병의 '발명'은 모든 제한을 넘어 언제 어디서든 예외적 조치를 확장해 적용할 수 있는 구실을 제공한다.

염려되는 또 다른 문제는 최근 몇 년간 개인들의 의식 속에 퍼진 두려움에 관한 것이다. 두려움은 전염병 확산 이후 벌어진 일련의

조치에 이상적인 구실이자 집단 패닉 상태를 야기한 실질적인 이유라고 볼 수 있다. 그렇게 개인의 두려움, 집단적 패닉의 악순환이 이어진다. 이런 잘못된 고리를 통해 정부는 자유를 제한하는 것이 안전에 대한 욕구로 받아들여지도록 만들었다. 이는 사회적 안전을 이유로 일상에 개입하려는 각국의 정부들에 의해 유도된 것이다.

2020년 2월 26일

Contagio

전염

"감염자예요! 여기요! 여기요! 여기 감염자예요!"

－알렉산드로 만초니[1] 『약혼자들』

바이러스의 전염 확산을 최소화하기 위해 이탈리아가 취하는 방법들이 가져온 패닉 가운데 가장 비인간적인 결과 하나는 정부가 만든 예외적 조치에 기반한, 감염자를 향한 변하지 않는 부정적 인식에 있다. 『히포크라테스 선서』에서 벗어나는 이 사고방식은 1500~1600년대 이탈리아를 휩쓸었던 페스트 사태 당시, 의도했는지는 모르겠지만 최초의 사례가 등장했었다. 만초니는 『약혼자들』과 『불명예 기념비』라는 작품을 통해 악명 높은 전염자[2]라는 표현을 쓴 바 있다. 1576년 전염병이 퍼졌을 때 포고된 밀라노 공화국의 칙령에는 시민들의 자발적 신고를 독려하는 다음과 같은 이야기들이 묘사돼 있다.

"총독에 의하면, 몇몇 열혈 지지자들은 밀라노 시민들에게 공포

1　만초니는 1800년대 전개된 이탈리아 통일 운동에 적극적으로 참여한 작가이자 정치가로, 단테와 함께 이탈리아 문학을 대표한다. 대표작인 『약혼자들(I Promessi Sposi)』 그리고 『불명예 기념비(Storia della Colonna Infame)』에서 그는 1600년대 흑사병이 창궐했던 때를 묘사하며 당시 전염병에 대한 사람들의 공포를 이용하여 이중적으로 대처했던 무능한 행정 당국을 비판하였다.

2　아감벤은 원문에서 '기름을 칠하는 사람'을 의미하는 'Untore'라는 단어를 사용하였다. 16세기와 17세기에는 기름과 함께 전염 물질을 바르고 다니는 사람들, 전염병을 의도적으로 퍼트리는 사람들을 가리키는 용어였다.

심을 주고 동요시키려는 목적으로 누군가가 전염병을 이곳저곳에 퍼트리기 위해 도시는 물론 근교 구석구석, 그리고 모든 가정의 문과 자물쇠에 해충과 페스트를 바르고 퍼트린다고 한다. 이 때문에 많은 피해가 있었고 소문을 들은 사람들 사이에 상당한 혼란이 있었다. 앞으로 40일 동안 이런 불미스러운 일을 하거나 도왔던 사람을 신고하는 사람에게는 지위 여하를 막론하고 500 은화를 줄 것이고….” -밀라노 공화국 칙령 중에

이런 사고방식과 큰 차이가 없는 최근의 몇몇 조항은 모든 개인을 잠재적인 바이러스 전파자로 고려하고 있다. 이와 관련한 법령을 의회가 승인하지 않길 바랐지만, 이건 희망 사항일 뿐이었고 결국 정부는 법령을 공표했다. 이는 테러에 관련된 모든 이를 법적으로 혹은 실질적으로 잠재적 테러리스트로 간주했던 것과 같다. 둘의 유사성은 너무도 명백하다. 잠재적인 전파자는 당국의 요구 사항을 준수하지 않으면 징역에 처한다. 특히 꺼림칙한 것은 무증상 혹은 아직 발병되지 않은 감염자가 면역력이 없는 다수에게 바이러스를 전파시킨다는 설명이다. 그렇다면 우리는 어떻게 ‘전염’으로부터 자기방어를 할 수 있을까?

규정에 있는 자유의 한계보다 더욱 애달픈 것은, 사람들끼리만

그림이 삽입된 장에는 이런 문구가 담겨 있다.
"격리와 감염자, 병원에 대한 두려움은 모든
꾀를 동원시켰다. 감염자들을 보고하지 않았고,
담당자들 그리고 이들의 상관들은 부패했다.
재판소의 직원들과 시체를 방문 처리하는
대리인들에게 돈을 주고 거짓 증명서를 구할
수도 있었다".

프란체스코 고닌(Francesco Gonin, 1808-1889)이 1840년에
그린 『약혼자들』 31장 삽화.

맺을 수 있는 관계가 퇴보한다는 것이다. 사랑하는 사람이라 할지라도 다가가거나 만져서는 안 되며, 1미터의 거리를 둬야 한다. 최근 일부 전문가는 4.5미터 거리를 두고 떨어져 있어야 한다고 제안했다. 0.5미터 단위가 흥미롭다! 우리들의 이웃은 폐지된 것인가. 이탈리아 정치가들의 윤리적인 면모를 고려했을 때 이러한 조치들은 패닉을 이끄는 몇몇 정치가들과 그들의 지지자에 의해 이행된 것일 수 있다. 그러나 이들이 만들려는 상황은 정치 권력이 과거로부터 계속해서 달성하기 위해 노력한 것으로 여겨진다. 대학교와 초·중·고등학교는 즉시 교문을 닫았고, 수업은 온라인으로만 진행한다. 사람들은 정치나 문화 관련 주제를 논의하기 위한 회의도 모두 멈췄다. 디지털 메시지만 오가고, 가능한 한 기계가 인간 사이의 모든 접촉, '모든 전염' 가능성을 대체해 버렸다.

2020년 3월 11일

IV

Chiarimenti

해명

전염병이 온 나라를 휩쓸고 사망자를 추모할 겨를조차 없는 상황에서 한 이탈리아 언론인이 자신의 직업을 아주 잘 활용하여 윤리적 혼란에 대한 나의 견해를 왜곡하고 변조하였다. 그 기자는 자신의 이름을 언급하지 않았기에 그의 명백한 조작 행위에 해명할 생각조차 없다. 원하는 사람은 누구나 쿠오드리베트 출판사 웹사이트에서 나의 게시글 '전염'을 읽을 수 있다. 내용이 꽤 명확하게 드러나 있음에도 재차 왜곡될 수도 있기에 여기에서 몇 가지 고찰을 알리고자 한다.

두려움은 좋은 조언자는 아니지만, 사람들이 보이면서도 못 본 체하는 많은 것을 드러나게 한다. 첫 번째로, 나라를 마비시킨 패닉의 파도가 가장 먼저 드러낸 것은 우리 사회가 더 이상 '벌거벗은 삶'[1]을 믿지 않는다는 것이다. 분명한 것은 이탈리아인들은 전염을 피하려고 평범한 일상, 사회관계와 직장, 심지어 우정과 사랑, 혹은 종교적·정치적 신념까지 모든 것을 기꺼이 희생했다는 것이다. 벌거벗은 삶, 그리고 삶을 잃는 두려움은 인류를 하나로

---

[1] 아감벤은 그의 저서 『호모사케르』에서 '벌거벗은 삶'을 "살해는 가능하되 희생물로 바칠 수 없는 생명, 즉 호모사케르의 생명"이라고 정의한다. 아감벤 철학의 '생명정치'는 삶 혹은 생명을 뜻하는 비타(Vita)를 '조에(Zoé)'와 '비오스(Bíos)'로 구분하여 인식하는 고대 그리스식 전통에서 출발한다. 조에는 단순히 살아 있는 모든 생명을 의미하고, 비오스는 집단의 방식, 즉 정치적이고 사회적인 생명이다. 아감벤은 비오스와 조에가 분리된 생명을 '벌거벗은 삶', 즉 호모사케르의 생명이라고 보았고 아우슈비츠의 희생자들 혹은 난민을 근대 사회의 '벌거벗은 삶'으로 설명하였다. 아감벤은 근대 민주주의가 국가의 생명 관리 테두리 내에서만 인권을 주장할 수 있도록 만들었다고 지적하면서 국가 권력의 통치성 아래에 인간은 단지 생명 자체로써 국가에 귀속된다고 주장한다.

©The Irish Catholic

고인을 떠나보내는 장례식에서도 가족, 친지
그리고 사랑하는 이들의 접촉은 모두
금지되었다. 오직 가톨릭 신부만이 의례를
치렀다.

묶는 것이 아니라 눈을 멀게 하고 분리하게 한다. 만초니가 페스트 대유행 시기를 묘사했던 것처럼, 타인들은 이제 바이러스 전파의 가능성을 가졌기에 어떤 대가를 치르더라도 반드시 1미터 이상의 거리를 유지해야 하는 그런 존재가 되어 버렸다. 사망자들, '우리의 희생자들'은 장례를 치를 자격이 없어졌다. 사랑하는 사람의 시신 또한 어떻게 처리되는지도 명확하지 않다. 우리의 이웃은 지워졌다. 그런데도 교회에서 이러한 상황에 침묵하는 이유가 궁금해진다. 얼마나 지속할지 모른 채 이런 식으로 살아가는 것이 익숙해져만 가는 나라에서 앞으로 인간관계는 어떻게 되는 것일까? 그리고 생존 외에 다른 인류의 가치가 존재하지 않는 사회란 어떤 것일까?

첫 번째 못지않게 불안한 두 번째 사실은 정부가 오래전부터 우리를 길들이고자 했던 예외상태가 일반적인 '노멀' 상태가 되었다는 것이 전염병으로 인해 명백하게 드러났다는 것이다. 과거에도 더욱 심각한 전염병이 있었지만, 지금처럼 이동의 자유조차 없는 긴급 조치를 선언할 생각은 그 누구도 하지 못했다. 언제나 위기 속에서 살아가는 데에 익숙했던 인류는 우리의 삶이 순수하게 생물학적인 존재로 축소되고, 사회·정치적인 영역에서뿐 아니라 인간적·정서적인 측면까지 모든 것을 잃어버리게 되었다는 사실을 깨닫지 못하는 것 같다. 영원히 긴급상태인 사회는 자유 사회가 될 수 없다. 우리는 지금 소위 '안전의 명목'으로 자유를 희생하며, 두렵고 불안한 상태에 영원히 살도록 우리 스스로를 정죄한 사회에 살고 있다.

바이러스 사태로 인한 현 상황을 두고 전쟁을 떠올리는 것이 놀라운 일은 아니다. 긴급 조치는 사실상 우리가 통금 시간에 맞춰 살아가는 것을 의무화한다. 그러나 어딘가에 숨어 실체가 보이지 않는 적과 벌이는 전쟁은 정말 말도 안 되는 전쟁이다. 이는 사실상 내전이다. 적은 외부가 아니라, 우리 안에 있다.

우려되는 것은 현재가 아니라, 다음이다. 전쟁이 철조망부터 원자력 발전까지 일련의 사악한 기술로 인류의 평화로운 삶에 흔적을 남긴 것처럼, 보건 긴급 사태 이후에도 정부는 이전에 수행할 수 없었던 실험을 지속할 가능성이 매우 크다. 이를테면 대학과 학교는 즉시 교문을 닫았고, 수업은 온라인으로만 진행되고, 사람들은 정치나 문화 관련 주제를 논의하기 위한 회의도 모두 멈췄다. 디지털 메시지만 교환하고, 가능한 한 기계가 인간 사이의 모든 접촉, '모든 전염' 가능성을 대체하고 있다.

2020년 3월 17일

V

Riflessioni sulla peste

전염병에 대한 고찰

여기서 논의할 것은 전염병 그 자체가 아니라 전염병에 대한 인류의 반응에 관한 것이다. 한마디로 집에서 자가 격리를 하고 일, 우정, 사랑뿐 아니라 종교적 그리고 정치적 신념까지, 평범한 일상을 중지하는 중대한 결정을 사회 전체가 별다른 논의 없이 간단하게 받아들인 문제를 성찰하고자 한다. 보통 이런 경우에 제기됐던 항의나 반대는 없었고, 또 그렇게 할 생각조차 하지 못했던 이유가 무엇일까? 내가 제안하고 싶은 가설은 우리가 의식하지 못했지만 전염병은 이미 존재하고 있었다는 것이다. 마치 전염병이 그러하듯, 분명히 우리의 일상은 어떤 갑작스러운 징후로도 현 상황 같은 사태가 드러나기 충분했을 수 있다. 그리고 이러한 설은 어떤 의미에서 현재로서 도출할 수 있는 유일한 긍정적인 해석이다. 시간이 흐르면 사람들은 이전에 자신이 살았던 방식이 옳았는지 자문할 수 있을 것이다.

그리고 또 하나 고려해야 할 점은 이런 상황이 가시화한 종교의 필요성이다. 이는 미디어에서 지속해서 언급되는데 특히 미국 언론에서 '아포칼립스'라는 단어를 강박적으로 사용해 종말론을 환기한다. 마치 종교의 필요를 더 이상 교회에서만 찾지 않고 이를 이룰 수 있는 다른 장소를 모색하여 우리 시대의 종교가 된 과학에서 의미를 발견한 것 같다. 과학은 다른 모든 종교와 마찬가지로 미신과 두려움을 만들 수 있고 이들이 널리 퍼지는 데 사용될 수도 있다. 위기의 순간에 현상의 심각성을 부정하는 일부 권위 있는 과학자들, 즉 소수의 이단론적 입장에서부터 시작하여 그것을 긍정하는 대다수의 정통론적 입장까지, 우리는 과거에 이렇게까지 다양하고 모순된 의견과 처방이 난립하는 광경을 본 적이 없다. 모두 현상을 긍정하면서도, 한편으로는 분석하고 다루는 방식이 근본적으로 다르다. 그리고 이런 상황이 항상 그러하듯, 기독교가 분열했을 때처럼 일부 전문가 혹은 자칭 전문가들은 자신의 이익에 따라 누군가의 편에 서서 권력의 호의를 확보하고 그들의 이익에 맞는 조처를 취한다.

우리가 고려해야 하는 또 다른 사안은 모든 보편적인 신념과 신앙의 붕괴다. 이제 인간은 스스로를 모든 대가를 치르더라도 지켜야 하는 단순한 생물학적 존재라고만 여기고 그 외에는 어떤 것도 믿지 않는 것 같다. 그러니 삶을 잃는다는 두려움 위에 독재 권력이 싹틀 수 있고, 칼을 뽑은 괴물 '리바이어던'[1]만이 존재할 수 있다.

1 리바이어던(Leviathan)은 구약 성서에 등장하는 바다 괴물을 지칭함과 동시에 토마스 홉스(Thomas Hobbes, 1588-1679)가 1651년 출간한 저서명 『리바이어던, 혹은 교회 및 세속적 공동체의 질료와 형상 및 권력(Leviathan, or The Matter, Forme and Power of a Common-Wealth Ecclesiastical and Civil)』이기도 하다. 아감벤은 그의 저서 『내전(Stasis)』에 '리바이어던과 베헤못'이라는 챕터를 통해 현대 정치철학의 시작점이라 일컬어지는 홉스의 '리바이어던'에 대한 해석은 물론 현대적 의미의 재해석까지 다뤘다.

그림 속 거대한 인간이 칼과
지팡이를 들고 왕관을 쓰고 있다.
상단에는 "그에 비견될 큰 힘을
가진 자는 없다."는 욥기의 문구를
명기함으로써 이 형상을 바다의
괴물과 연결시킨다. 몸통과 팔은
수백 명의 사람들로 이루어져 있으며
모두 등을 보일 뿐 얼굴은 보이지
않는다. 왕이 우두머리이고 이름 없는
백성들이 수족 노릇을 하고 있다는
표현을 담고 있다.

아브라함 보스(Abraham Bosse, 1604-1676)가
1651년에 그린 『리바이어던』 책의 표지.

이런 이유로 일단 전염병 긴급 사태가 선언되면 나는, 아니 어느 정도 지각이 있는 사람들은 이전과 같은 삶으로 돌아가기는 힘들다고 생각할 것이다. 그리고 이것이 아마도 오늘날 가장 절망적인 일일 것이다.

비록 "희망은 더는 희망이 없는 사람들에게만 주어졌다."[2]라는 말이 있다 하더라도.

2020년 3월 27일

2 발터 벤야민(Walter Benjamin, 1892-1940)을 인용하고 있다.

VI

Distanziamento sociale

사회적 거리 두기

"우리는 죽음이 우리를 어디에서 기다리고 있는지 모르니, 모든 곳에서 죽음을 기다리자. 죽음에 대해 미리 생각하는 것은 자유에 대해 미리 생각하는 것이다. 죽는 법을 배운 사람은 노예 상태에서 벗어난 것이다. 죽는 법을 아는 것은 우리를 모든 복종과 제약에서 해방한다."

-미셸 드 몽테뉴[1]

역사는 모든 사회 현상에 정치적 의미가 있을 수 있다고 우리에게 가르쳐 주었기 때문에, 서구 세계의 두꺼운 정치 어휘집에 들어간 새로운 개념인 '사회적 거리 두기'를 주의 깊게 기록할 필요가 있다. 아마도 이 표현은 지금까지 사용했던 감금이라는 날것의 용어를 완곡하게 표현하고자 만들어졌을 것이고, 우리는 이 개념에 근거한 정치적 시스템을 성찰해야 한다. 많은 사람이 논의하기 시작했듯, 현재의 보건 긴급 사태가 인류를 기다리는 새로운 정치적·사회적 제도가 준비되는 실험으로 간주할 수 있다고 본다면 이

[1] 미셸 드 몽테뉴(Michel Eyquem de Montaigne, 1533-1592)는 프랑스의 철학자이자 사상가로 형식주의적 법 이론을 배척하여 인간애를 고취하는 등 인간의 가치를 추구했다.

는 단순히 이론상의 가설이 아니므로 문제는 더욱 시급해진다.

항상 그래 왔듯 이런 상황을 긍정적으로 받아들이고 새로운 디지털 기술이 거리와 상관없이 의사소통을 편리하게 만든다고 여기는 어리석은 이들도 있겠지만, 나는 사회적 거리 두기에 기반을 둔 커뮤니티가 인간의 삶, 그리고 정치 공학적으로도 지속할 수 있다고 생각하지 않는다. 어떤 관점에서든 우리는 이 문제를 고찰해야 할 것이다.

첫 번째 고려 사항은 사회적 거리 두기 조치로 발생한 매우 특이한 성질과 관련된 사안이다. 카네티[2]는 『군중과 권력』이라는 걸작을 통해 접촉에 대한 두려움이 권력의 기반이 되는 '군중'과 연관되어 있다고 정의한다. 인간은 보통 타인과의 접촉을 두려워하고, 거리 두기는 이러한 두려움의 결과지만, 이러한 두려움이 전복되는 유일한 상황이 군중이다.

"인간은 군중 속에서만 만지는 것에 대한 두려움에서 해방될 수 있다…. 군중이 되어 자신을 버리는 순간부터 타인과의 접촉을 두려워하지 않는다…. 옆에 다가오는 모든 이와 동질감을 느끼고, 자기 자신처럼 타인을 느낀다. 갑자기 모든 것이 한 몸에서 일어나는 것처럼…. 만지는 행위에 대한 근원적인 두려움의 전복은 군중의

---

2   엘리아스 카네티(Elias Canetti, 1905-1994)는 1981년 노벨문학상을 수상한 영국 작가다. 『군중과 권력(Masse Und Macht)』은 카네티가 20년 이상의 오랜 침묵 속에서 '군중과 권력의 본질'에 대해 연구하여 1960년 발표한 책이다. 유럽 사상계의 고전으로 자리잡으며 카네티의 이름을 전 세계에 알렸다.

특유성에서 비롯한다. 그 안에 퍼지는 안도감은 군중이 더욱 조밀할수록 두드러진다." -『군중과 권력』중에, 이하 같은 책

카네티가 우리가 직면하고 있는 현상에 대해 어떻게 생각했을지는 모르겠다. 사회적 거리 두기와 패닉의 척도가 만들어 낸, 이전과는 다른 군중이다. 어떤 대가를 치르더라도 서로 멀리 떨어져 있는 개인들로 구성된, 의미가 뒤바뀐 군중이다. 밀도 높게 붙어 있지 않고 얇게 펼쳐졌지만, 여전히 군중인 것은 사실이다. 카네티는 군중의 특성을 견고함과 복종으로 정의하며 이같이 지적했다.

"진정으로 자유로운 움직임은 어떤 방법으로도 불가능할 것이다…. 군중은 자신을 이끌 지도자가 무언가를 보여 주길 기다린다."

이어진 글에서 카네티는 금지에 의해 형성된 군중에 관해 설명한다.

"많은 사람이 모이면 이전까지 개인적으로 했던 행위들을 멈추고 싶어 한다. 제한은 갑작스럽지만, 사람들은 자발적으로 따른

다…. 어쨌든 이러한 조치는 막강한 영향을 미친다. 일종의 명령이면서도 부정적인 성격을 띤다."

사회적 거리 두기를 기반으로 한 사회가 순진하게 믿고 있는 것과 달리 현 상황이 과도한 개인주의와 관련이 없다는 것을 간과하지 않는 것이 중요하다. 오히려 그 반대로, 이들은 오늘날 우리 주변에서 볼 수 있듯 제한을 근거로 엮어진 군중일 뿐이다. 그러니 바로 이같은 이유로 더욱 특별히 견고하고 수동적이다.

2020년 4월 6일

VII

Una domanda

질문 하나

"전염병은 도시 부패의 시작을 의미했다…. 이전에는 선하다고 판단했던 것들을 누구도 더 이상 행하지 않았다. 선에 도달하기 전에 죽을 수도 있다고 생각했기 때문이다."

-투키데스[1] 『펠로폰네소스 전쟁사』 2권 53

한 달이 넘도록 생각을 멈출 수 없는 질문을, 이에 관심 있는 사람들과 공유하고자 한다. 하나의 질병에 직면하여 국가 전체가 윤리적으로, 정치적으로 붕괴하는 일이 어떻게 발생할 수 있었을까? 이 질문을 공식적으로 언급하기 위해 나는 단어 하나하나를 신중하게 고려했다. 자신의 윤리적·정치적 원칙이 얼마나 무너졌는지 그 정도를 파악하는 것은 매우 간단하다. 결코 포기할 의향이 없는 그 한계선이 무엇인지를 스스로 질문하는 것이다. 나는 다음에서 언급할 문제들을 고찰하기 위해 괴로움을 겪을 독자들이 눈치를 채든 그렇지 않든 인류가 야만에서 분리되는 사유의 문턱을 넘었다는 데 동의할 것으로 생각한다.

---

1 투키데스(Thucydides, B.C 460~B.C 400)는 아테네가 무모한 시칠리아 원정을 감행하게 된 원인에 대한 관찰, 원정의 실패가 누구의 책임이었는가에 대한 성찰을 통해 현실주의 국제정치관의 인식론적 기초로 원용되곤 한다.

1) 어쩌면 가장 심각할 수도 있는 첫 번째 사안은 시신 처리에 관한 것이다. 우리는 안티고네[2]부터 오늘날까지 역사상 한 번도 소중한 사람이 혼자서 죽어 가도록 내버려 두지 않았는데, 어떻게 명확히 결정되지도 않은 보건상의 위험이라는 명목으로 장례식도 없이 시신을 화장했다는 것을 받아들일 수 있을까?

2) 또한 우리는 두 차례의 세계대전 중에도 시행되지 않았던, 이동의 자유를 이탈리아 역사상 한 번도 겪어 보지 못한 수준으로 제한하는 조치를 거리낌 없이 받아들였다. 심지어 전쟁 중에도 통금은 몇 시간으로 제한되었는데 말이다. 결과적으로 우리는 실체가 모호한 위험으로부터의 보호라는 명목으로, 우리의 이웃이 전염 사태의 원인이 될 수 있다는 이유로, 우정과 사랑의 금지를 받아들였다.

3) 이러한 일들이 벌어졌다고 한다면 이 시점에 우리는 현상의 근원을 다루어야 할 것이다. 왜냐하면 인간은 육체적으로나 정신적으로 결코 분리시킬 수 없는 삶의 경험적 단일성을 일부 측면에서는 순수한 생물학적 실체와 정서적 실체로 나눴기 때문이다. 이는 이반 일리치[3]가 증명한 바 있고, 데이비드 케일리[4]는 최근에 이

---

2   안티고네는 그리스 신화에 등장하는 여인이다. 오이디푸스와 이오카스테 사이에 태어났다. 오이디푸스가 이오카스테가 자신의 어머님임을 알고 두 눈을 뽑고 객사한 뒤, 안티고네는 테베에 머문다. 이때 안티고네의 형제 에테오클레스와

폴리네이케스가 왕위로 싸우다 모두 죽자, 숙부 크레온은 시신을 짐승들의 밥이 되도록 매장하지 않고 내버려 두라고 명령한다. 그러나 안티고네는 폴리네이케스의 시신을 매장하였고, 이에 화가 난 크레온이 그녀를 지하 감옥에 가둔다. 안티고네는 결국 그곳에서 스스로 목숨을

끊는다.

3   이반 일리치(Ivan Illich, 1926-2002)는 오스트리아 출신의 신학자이자 철학자다.

와 같은 분리에 관해 현대 의학의 책임이 있다고 언급했다. 이에 대해 대다수는 이견이 없다지만 다소 추상적이기는 하다. 나는 이러한 추상적 관념이 현대 의학에서는 인공 호흡 장치를 통해 현실로 나타났으며, 이는 인간의 삶이 순수한 식물인간 상태로도 유지될 수 있다는 것을 잘 알고 있다.

그러나 위의 사례들이 실제 우리 눈앞에서 벌어지고 있는 것처럼, 이러한 관념이 시공간의 경계를 넘어 확장되고 일종의 사회적 행동 원칙이 된다면 우리는 탈출구가 없는 모순에 빠지게 될 것이다.

물론 누군가는 일정 기간이 지나면 예전의 삶으로 돌아갈 수 있을 것이라고 속단할 수도 있다. 그러나 정말로 주목해야 할 것은 악의가 없더라도 상황이 반복될 수 있다는 점이다. 긴급 사태를 선포한 당국이 긴급 사태가 끝났을 때도 '사회적 거리 두기'와 같은 지침을 여전히 준수하도록 강요하고, 완곡한 어법으로 사회 지침에 이름을 붙였듯이 말이다. 이 지침이 사회 조직의 새로운 원칙이 될 수도 있다. 그리고 그게 어떤 의도로 만들어졌든 한 번 받아들여진 원칙은 번복하기 어렵다.

이 글에서 나는 개인이 가져야 할 책임을 비판적으로 언급했기

---

4 데이비드 케일리(David
Cayley, 1946-)는 캐나다
출신의 작가이자 방송인으로
이반 일리치 등 철학자들의
다큐멘터리를 제작했다.

프란체스코 성인의 뒤에 머리를 땅으로
떨구고 있는 말에게서 겸손한 미덕을
느낄 수 있다. 망토는 가난한 자를 보듬는
프란체스코를 상징하는 오브제다.

지오토 디 본도네((Giotto di Bondone, 1267-
1337)가 1299년에 그린 〈걸인에게 망토를 주는
성 프란체스코(San Francesco dona il mantello a un
povero)〉.

에 인간의 존엄성을 반드시 지켜야 하는 임무를 맡은 사람들의 심각한 책임 회피에 대해 말하지 않을 수 없다. 우선 교회를 지적하고 싶다. 오늘날 교회는 과학의 시녀[5]를 자처하면서 가장 근본적인 원칙들을 부정하였다. 프란체스코 성인[6]의 이름을 딴 현재 교황 아래 있는 가톨릭 교회는 프란체스코가 나병 환자들을 받아들였던 역사를 잊었다. 선의를 베푸는 행동 가운데 하나가 병문안이라는 사실을, 믿음보다는 생명을 위해 기꺼이 희생해야 하며 이웃을 포기한다는 것은 믿음을 버리는 행위라는 순교자들의 가르침을 잊었다.

아울러 자신의 책임을 제대로 하지 못한 또 다른 부류는 법학자들이다. 우리는 민주주의를 정의하는 삼권 분립 원칙이 훼손되고 행정권이 실질적으로 입법권을 대체하는 긴급 명령이 무분별하게 사용되는 경우를 오래전부터 익숙히 봐 왔다. 그러나 이런 상황까지도 이미 넘어선, 마치 나치 총통이 그랬던 것처럼 총리와 당국의 발표는 즉각적인 법의 효력을 가지고 있다는 인상을 준다. 그리고 긴급 명령의 유효 기간이 지나더라도 자유의 제한을 어느 수준으로 유지할지 불분명하다. 어떠한 법적 조치일까? 영구적인 예외상태가 계속될까? 헌법상의 규율이 지켜지는지 검증하는 일은 법학자의 의무인데, 이들은 침묵했다. 법학자들이 우려하는 사태가 벌

5 "철학은 신학의 시녀."라는 중세시대 토마스 아퀴나스(Thomas Aquinas, 1225-1274)의 문장이 연상된다.

6 성인 프란체스코 다시시(Francesco d'Assisi, 1181-1226)를 지칭한다. 청빈과 겸손, 금욕을 추구하는 프란체스코회의 창립자다.

어지고 있지만 침묵하는 이유는 무엇인가?

Quare silete iuristae in munere vestro?

나는 분명 도덕적 명분을 위해 뒤따르는 거대한 희생이 필연적으로 존재할 수밖에 없다고 말하는 사람이 있을 거라고 짐작한다. 그들에게 나는 나치의 장교 아이히만[7]을 말해 주고 싶다. 아이히만은 분명히 본인의 선의로, 칸트의 도덕 법칙이라고 믿었던 것을 실현하기 위해 지극히 개인의 양심에 따른 행동을 자행했다. 선을 위해 선을 포기해야 한다는 주장은 자유를 보호하기 위해 자유를 포기해야 한다고 하는 것과 마찬가지로 거짓이며 모순이다.

2020년 4월 13일

7   오토 아돌프 아이히만(Otto Adolf Eichmann, 1906-1962)은 나치 정권의 홀로코스트의 실무 책임자였다. 1960년 전범 재판에서 홀로코스트를 상부의 명령에 충실히 따른 것뿐이라고 밝혔다. 재판에서 그의 변명은 지금까지도 개인의 도덕성과 집단의 도덕성의 상관관계를 설명하는 다양한 정치철학자들에 의해 인용된다.

VIII

Fase 2

2단계

예상했던 대로, 그들이 사람들의 눈을 감게 하고 귀를 닫게 만들고 싶었던 것처럼, 소위 2단계[1] 혹은 '노멀 상태'로의 회귀는 우리가 지금까지 경험한 일들보다 훨씬 더 심각할 것이다. 현재 준비하고 있는 조치 중 특히 불쾌하고, 헌법 원칙을 명백히 위반하는 두 가지는 다음과 같다. 우선 연령대에 따라 이동을 제한한다는 것이다. 즉 70세 이상은 집에만 머물게 한다. 아울러 모든 사람이 혈액 항원 검사를 받도록 의무화한다니. 현재 이탈리아에서 유포되고 있는 호소의 글[2]에서 자세하게 다룬 것처럼 이러한 차별은 2군 집단을 만들어 내기 때문에 명백히 위헌이다. 모든 사람은 법 앞에 평등해야 하는데 현 상황은 권력 집단이 부당하게 법령을 집행하여 자유를 박탈하는 것은 물론 오히려 차별받는 이들의 건강을 해치고 보호하지 못할 위험이 있다. 고립되어 더는 삶의 의지가 없어진 70세 이상의 노인이 최근 둘이나 스스로 목숨을 끊었다는 뉴스가 이를 증명한다. 혈액 항원 검사 의무화도 마찬가지로 불법적이다. 헌법 32조에 따르면 법에 근거하지 않고는 누구도 건강 검진을 받

---

[1] 2020년 1월 31일 로마에서 첫 확진자가 발생한 이후 이탈리아에서는 2월과 3월에 확진자 수가 가파르게 증가하였고 이에 당국은 이동제한령과 봉쇄령을 내렸다. 이후 다소 증가세가 완화되자 주세페 콘테 이탈리아 총리는 4월 19일 전염병과 싸우고 이겨 내야 하는 1단계를 지나 이제 코로나-19와 공존해야 하는 '2단계'에 접어들 것이라고 발표했다.

[2] 2020년 4월 20일 아감벤을 비롯한 다수의 노년층 이탈리아 작가, 예술가들은 70세가 넘는 노인들을 집에만 머물도록 한 정부의 방침에 반대하며 서명과 함께 호소의 글을 발표했다.

을 수 없다고 명시되어 있지만, 지금까지 그래왔던 것처럼 정부의 법령에 따라 이 조치는 이행될 것이다.

또 개인 간 거리 유지와 회의 금지라는 제한은 실질적으로 정치적 활동의 배제를 의미한다. 우리에게 부과된 무제한 통제와 사회적 거리 두기에 근거한 각종 제한들에 대해 과감하게 반대 의견을 표현할 필요가 있다.

2020년 4월 20일

IX

Nuove riflessioni

새로운 고찰

우리는 감금이 강요된, 새로운 형태의 전체주의를 경험하고 있는 걸까요?

여러 분야에서 현재 우리가 세상의 종말을 경험하고 있다는 가설이 공식화되고 있습니다. 권력의 분립과 의회, 법에 근거한 부르주아 민주주의가 종말을 맞이하고, 포악한 독재의 시대로 나아가고 있습니다. 사회 곳곳에 스며 있는 통제와 모든 정치적 활동의 중단으로 새로운 전제정은 지금까지 우리가 알고 있던 그 어떤 독재보다 더 사악할 것입니다. 미국의 정치과학자들은 이를 '안보상의 이유'로 개인의 자유에 모든 제한을 부과할 수 있는 '안보 상태'라고 부릅니다. 이 시점에 '공중 보건'이라는 용어는 공포 정치 시절 악명 높았던 '공안 위원회'[1]를 생각나게 합니다.

행정권에 의한 긴급 명령으로 작동하는 입법권에 오랫동안 익숙해져 있는 이탈리아에서, 우리는 이런 식으로 입법권을 대체하고 민주주의의 기반이 되는 삼권 분립 원칙을 효과적으로 폐지하

---

1 공안 위원회(Comité de salut public)는 프랑스 혁명 시기에 존재했던 통치 기구(1793-1795)로 처음에는 프랑스의 자유를 확립하기 위해 만들어진 임시 기구였지만 사실상 혁명 정부의 역할을 하며 독재 정치, 공포 정치의 상징이었다.

고 있습니다. 그리고 이제 스마트폰의 카메라를 통해 이뤄지는 통제는 파시즘이나 나치즘과 같은 전체주의하에서 행사되었던 그어떤 형태의 통제보다 강력합니다.

정보에 관한 얘기를 해 보자면 스마트폰을 통해 생산된 정보 외에도 기자 회견에서 불확실하거나 잘못 해석한 수많은 데이터가 유포되고 있다는 것도 반성해야 할 것 같네요.

지금 말씀하신 것은 매우 중요한 부분입니다. 현상의 근본에 대한 논의이기 때문입니다. 현 상황에 관해 지식을 가진 사람들은 최근 몇 달 동안 언론이 같은 기간의 연간 사망률과 관련이 없는 수치를 과학적 기준 없이 발표했다는 사실에 놀랄 수밖에 없습니다. 같은 기간의 연간 사망률과 비교하지 않았을 뿐 아니라 사망 원인을 정확히 밝히지도 않았습니다.

나는 바이러스학자나 의사는 아니지만, 신뢰할 수 있는 공식 출처의 내용을 문자 그대로 인용하겠습니다. 코로나-19로 인한 2만 1천여 명의 사망자는 확실히 놀라운 수치입니다. 그러나 연간 통계 데이터와 관련하여 비교한다면, 명백히 다른 시각에서 볼 수 있을 것입니다. 이탈리아 국립통계연구소의 장 카를로 블란자르도[2] 박사는 지난해 사망자 숫자를 64만 7천여 명(하루 평균 1772명 사망)이라고 몇 주 전에 발표했습니다. 사망 원인을 자세하게 분석해 보시죠. 가장 최근 자료인 2017년 기준에 따르면 심혈관 질환에 의한 사망자 23만여 명, 암으로 인한 사망자 18만여 명, 호흡기 질환으로 인한 사망자는 최소 5만 3천여 명이었습니다. 여기서 한 수치가 특히 중요하며 현 상황과 밀접한 관련이 있습니다.

어떤 부분이죠?

블란자르도 박사의 말을 인용하겠습니다.

"2019년 3월 호흡기 질환으로 인한 사망자는 1만 5,189명이고, 전년도 같은 기간은 1만 6,220명이다. 덧붙이자면, 이는 2020년 3월에 발표한 코로나-19로 인한 사망자 수 1만 2,352명보다 많다."

전염병의 심각성을 축소하고 싶지는 않지만, 이것이 사실이고 이를 의심할 이유가 없다면 두 차례의 세계대전 중에도 이탈리아 역사상 없었던 이토록 자유를 제한하는 조치가 정당한지 자문해 볼 필요가 있습니다. 국가의 의료 시스템을 해체하여 롬바르디아

2 장 카를로 블란자르도(Gian Carlo Blangiardo, 1948-)는 이탈리아의 통계학자로 2019년 2월 4일부터 이탈리아 통계청장을 역임하고 있다.

에 닥친 전염병 사태 대응에서 꽤나 심각한 오류를 저질렀던 정부가 이제는 공포를 퍼트려 사람들을 집안에 가두고 자신들의 책임을 국민들에게 등 떠밀고 있다는 합리적 의심을 해 볼 수밖에 없습니다.

과학자들마저도 적절한 모습을 보여 주진 못했습니다. 우리가 기대하는 답을 주지 못하는 것 같습니다. 어떻게 생각하십니까?

의사나 과학자에게 윤리적이고 정치적인 결정을 최종적으로 맡기는 것은 언제나 매우 위험합니다. 보시다시피 과학자들은 그들의 행위가 옳든 그르든, 좋은 의도로 자신의 과학적 이익을 추구합니다. 문제는 과학자들이 이를 위해 도덕적 본성도 기꺼이 희생할 수 있다는 것입니다. 역사가 이를 충분히 증명합니다. 나치 치하에서는 존경받는 과학자들이 우생학을 선동했고, 과학 기술 발전과 독일 부상병의 치료에 유용하다고 판단해 강제 수용소 수감자들을 치명적인 실험에 이용한 사례를 언급할 필요도 없을 것 같네요. 현재 벌어지고 있는 상황은 특히나 당황스럽습니다. 제아무리 언론이 눈과 귀를 가렸다 하더라도 저명한 과학자들조차 공통된 의견을 내놓지 못하고 있습니다.

물론 프랑스 최고의 바이러스 학자인 디디에 라울[3]은 전염병의 심각성과 격리 조치의 효과에 관해 한 인터뷰를 통해 중세 시대의 미신이라고 정의하는 색다른 견해를 드러내기도 했습니다. 저 역시 과학이 우리 시대의 종교가 되었다고 앞에서 글을 쓰기도 했습니다. 현 사태와 종교의 유사성은 받아들여져야 합니다. 신학자들은 신이 무엇인지 명확하게 정의할 수 없다고 선언했지만, 신의 이름으로 사람들에게 행동 수칙을 지시했고, 이단자들을 불태우는 것을 주저하지 않았습니다. 바이러스학자들은 바이러스의 실체가 무엇인지 정확히 모르지만, 그들이 인간 삶의 행태를 결정해야 한다고 주장하고 있습니다.

과거에 종종 그래 왔던 것처럼 다시는 우리의 삶이 이전과 같을 수 없고 바뀌어야 한다고 합니다. 앞으로 어떤 일들이 일어날 것 같으신지요?

저는 이미 우리가 대비해야 하고 단순히 경계하는 데 그치지 않아야 할 독재의 한 형태에 대해 설명해 드리고자 했습니다. 그러나 일단 우리가 작금의 시각에서 벗어나 전 지구적 관점에서 인류의 운명을 고려해 본다면, 저명한 네덜란드 과학자 루이스 볼크[4]의

---

3 디디에 라울(Didier Raoult, 1952-)은 프랑스의 저명한 의사이자 미생물학자다.

4 루이스 볼크(Louis Bolk, 1866-1930)는 네덜란드 출신의 세계적인 해부학자다.

고찰이 떠오릅니다. 볼크에 따르면 인간이라는 종은 환경에 적응하는 본능을 점진적으로 억제하는 특징이 있는데, 비약적인 발전을 이룬 기술 장치들이 이러한 본성을 대체하고 있다고 합니다. 그러나 이 과정이 임계점을 넘어서면 비생산적이 되어 인류가 자멸하는 지점에 도달한다는 것입니다. 현재 경험하고 있는 일들은 지금 인류가 그 한계 지점에 도달했고, 우리의 병을 치료해야 할 처방이 더욱 거대한 악을 만들어 낼 수 있다는 걸 보여 주는 것 같습니다. 그렇기에 이 위험에 맞서 모든 수단을 동원하여 우리는 반드시 저항해야 합니다.

2020년 4월 22일

이 글은 2020년 4월 21일 이탈리아 언론
『라 베리타(La Verità)』에 실린 인터뷰를 정리한 것임.

X

Sul vero e sul falso

진실과 거짓에 대하여

예상대로, 아니 마치 당연한 것처럼, 법에 의해서만 제한될 수 있는 헌법상 자유의 축소를 골자로 하는 '2단계'는 간략하게 장관령으로 확정되었다. 인권의 통제가 그다지 중요하지 않다는 사안은 어떠한 헌법에도 명시되어 있지 않다. 진실을 찾을 권리, 진실한 말에 대한 필요성 말이다.

모든 사람의 자유를 조작하는 전대미문의 사건에 앞서, 우리가 경험하고 있는 현실에서는 사실상 진실을 위조하는 거대한 작업이 이뤄지고 있다고 볼 수 있다. 사람들이 개인의 자유를 제한하는 것에 동의한다면, 이미 실제 그러고 있긴 하지만, 이는 사람들이 미디어가 제공하는 정보와 여론을 확인하지 않고 받아들였기 때문에 벌어진 사태다. 오랜 기간 우리는 광고를 통해 과장이든 아니든 사실 여부와 관계없이 광고가 사리분별에 영향을 끼친다는 것에 이미 익숙해져 버렸다. 그리고 진작부터 선거 유세 연설에서 진실은 중요한 것이 아니라고 여기며 정치적 합의가 이루어지지도 않은 안들도 제대로 된 확신 없이 외치는 경우를 보곤 했다. 그러

1914년 보스니아에서 벌어진
오스트리아 황태자 암살 사건을 표현한
그림이다. 학자들은 황태자 암살 사건이
제 1차 세계대전의 시발점이 되기는
했지만, 근본적인 원인은 이전부터
존재해 온 열강들 간의 세력 다툼이라고
보고 있다.

이탈리아 신문인 『라 도메니카 델 코레레(La
Domenica del Corerre)』 1914년 7월 12일자 1면에
실린 삽화.

나 지금 현재 우리 눈앞에서 펼쳐지고 있는 상황은 새로운 것 투성이다. 수동적으로 받아들여지는 담론의 진실 혹은 거짓이 우리 모두의 삶의 방식, 일상 전체에 영향을 미치고 있기 때문이다. 이런 이유로 각자 자신에게 부과된 최소한의 기본적인 것들을 검증하는 것이 시급하다.

전염병에 대한 데이터가 과학적 기준 없이 일반적인 방식으로 제공되고 있다는 사실에 주목하는 이는 나 한 사람뿐만이 아니다. 인식론적 관점에서 보자면 동일 기간의 연간 사망률과 비교하지 않은 다수의 사망자 수치를, 사망 원인을 명시하지 않고 제공하는 것은 무의미하다. 그러나 아무도 이를 눈치채지 못한 채 매일 이 수치를 접하고 있다. 더 놀라운 점은 따로 있다. 사실 확인이 가능한 정보는 접속할 의지가 있는 모든 사람이 볼 수 있다는 것이다. 나는 앞서 인터넷에 올린 글에서 이탈리아 통계청장 장 카를로 블란자르도의 보고서를 언급했는데, 코로나-19로 인한 사망자 수는 지난 2년 동안 호흡기 질환으로 인한 사망자 수보다 적었다. 그러나 분명한 건 심장마비나 기타 원인으로 사망한 양성 환자도 코로나-19로 사망했다고 간주하는데, 마치 그러지 않은 것처럼 보인다는 점이다. 거짓이라고 문서로 증명되었음에도 여전히 사실로 믿는 이유는 무엇일까? 광고처럼 거짓을 숨기지 않았기 때문에 거짓이 사실로 인정되는 것 같다. 제 1차 세계대전과 마찬가지로 바이러스와의 전쟁은 거짓된 동기 때문이다.

인류는 거짓의 손짓 한 번으로 한순간에 진실이 축소되는 역사의 단계에 진입하고 있다. 거짓으로 밝혀진다 해도 반드시 참이어야 하는 거짓은 사실처럼 여겨질 것이다. 이와 같은 방식으로 인간은 의사 표현의 도구인 언어를 강탈당하고 있다. 이제 인간은 거짓의 조용한(현실이기에 진실한) 움직임을 그저 관찰만 할 수 있다. 그렇기에 이 움직임을 멈추려면 모든 사람이 거짓과 타협하지 않고 가장 소중한 선(善)을 찾을 수 있는 용기를 가져야 한다. 그게 진실된 단 한마디일지라도.

2020년 4월 28일

XI

La medicina come religione

종교로서의 의학

과학은 우리 시대의 종교가 되었다. 사람들이 과학을 믿는다는 생각은 오래전부터 존재해 왔다. 현대 서양에서는 기독교, 자본주의, 과학이라는 세 가지 위대한 신념 체계가 공존해 왔고, 어느 정도는 지금도 그렇다. 근대 역사에서 이 세 가지의 '종교'는 필연적으로 번갈아 가며 여러 번 갈등을 일으켰지만, 공동의 이익 추구라는 목적으로 진정한 협력은 아니었어도 평화롭고 명료한 일종의 공존에 도달하게끔 다양한 방식으로 화합했다.

근래에 달라진 점은 과학과 다른 두 '종교' 사이에 일어나는 보이지 않는 갈등이 우리가 알아채지 못한 사이 다시 불붙었다는 것이다. 결국 과학이 승리한 결과로, 오늘날 우리는 인간 존재의 모든 측면을 과학이 전례 없는 방식으로 결정하고 있다는 것을 두 눈으로 확인할 수 있다. 이 갈등은 과거와 마찬가지로 이론과 보편적 원칙이 행동 기준이 아닌, 말하자면 종교적 믿음의 실천과 연관이 있다. 사실 과학 역시 모든 종교와 마찬가지로 스스로 믿음 체계를 구성하고 조직을 정비하는 방법을 알고 있다. 종교 영역에서 매우 흔한 치밀하고 엄격하게 잘 짜여진 교리 신학의 정교함, 이는 사실 우리가 흔히 '기술'이라고 부르는 것과 매우 유사하다.

이 새로운 종교 전쟁의 주인공이 교조주의가 비교적 덜 엄중하고 실용적인 측면이 강한 과학의 일부이자 인간의 생명을 대상으로 하는 의학이라는 것은 놀라운 일이 아니다. 앞으로 더 자주 마주하게 될, 의학이라는 이 의기양양한 신앙의 본질적인 특성을 알아보자.

1) 첫 번째 특징으로 의학은 자본주의와 마찬가지로 특별한 교리를 필요로 하지 않는다. 생물학에서 기본 개념을 차용했을 뿐이다. 다만, 생물학과는 달리 영지주의에 근거했으며 마니교[1]적이라고 볼 수 있다. 즉 과장된 이분법적 사유 체계에 반대한다. 악한 신 혹은 해로움의 근원이 질병을 유발하는 박테리아와 바이러스고, 선한 신과 유익함의 근원은 인간의 건강한 상태가 아닌 치료라는 행위이며, 이 종교 행위는 의사와 치료법을 통해 이루어진다고 본다. 다른 영지주의 신앙과 마찬가지로, 선과 악은 명확히 분리되어 있지만 실제로는 뒤섞일 수 있다. 그리고 선의(善義)를 대변하는 의사는 이원론적 개념이 충돌하는 상황에서 선한 원칙에 반하는 행동을 어떤 식으로든 용인하는 실수를 저지르기도 한다. 어느새 자

---

1   영지주의 종파들은 주로 영과 정신은 선하고 육체와 물질은 악하다는 극단적 이원론을 따르지만, 영지주의의 한 종파인 마니교는 선과 악이라는 이분법적 관점만 취하여 비교적 완화된 이원론을 따른다.

의학의 아버지로 꼽히는 히포크라테스(Hippocrates,
B.C 460-B.C 377)는 인체의 생리나 병리를 체액론에
근거하는 의료 방식을 정립하였고, 의사 윤리에
대해서도 설파했다. 2000년이 지난 지금도 그의
가르침이 정리된 선서문이 널리 읽히고 있다.

안 루이 지로데 드 루시 트리오종(Anne-Louis Girodet de Roussy-Trioson,
1767-1824)이 1792년에 그린 〈아르탁세륵세스의 선물을 거절하는
히포크라테스(Hippocrates refusing the gifts of Artaxerxes)〉.

신도 모르게 악과 협력할 수 있다. 그래서 이 '종교'의 전략을 수립해야 하는 신학자들이 바이러스학, 과학의 대표자라는 것이 중요한 것이다. 다만 바이러스학은 그 위치가 모호하다. 생물학과 의학의 경계에 있을 뿐이다.

2) 과거에는 종교 활동이 일회적, 혹은 제한된 기간 내에 벌어졌다면, 지금 우리가 목격하고 있는 예상하지 못한 현상은 이러한 행위가 영구적이며 어느 곳에나 만연하다는 점이다. 약을 복용하거나 건강 검진, 수술 등의 의료 행위를 말하는 게 아니다. 이제 인류는 삶을 통틀어 매 순간 끊임없이 의학을 숭배해야 한다. 그리고 항상 존재하는 악, 바이러스와 쉴 틈 없이 싸워야만 한다. 기독교도 비슷한 전체주의적 경향이 있었지만, '끊임없이 기도하라'라는 기치를 받드는 몇몇 개인들, 특히 주로 수도사들이 이같이 행동했을 뿐이다. 이 시대의 종교가 된 의학은 사도 바울의 가르침을 받아들이는 동시에 뒤엎고 있다. 기도를 위해 수도원에 모인 수도사들은 예전처럼 성실하게 예배를 수행해야 하지만 이제는 서로 거리를 두고 떨어져 있어야만 한다.

3) 의학 숭배 활동은 더 이상 자유롭고 자발적인 것이 아니며

오직 영적인 속박이 있을 뿐이다. 그러면서 법적 의무를 짊어지게 하고 있다. 종교와 세속적 권력과의 결탁은 새로운 일이 아니다. 마치 이단이 그랬던 것처럼 교리를 공언하는 게 아니라 전적으로 믿음의 집행에 초점이 맞춰져 있는 점이 신선하다. 세속적 권력은 모든 이가 '의료 종교'를 숭배하도록 감시해야 하고, 이것이 실질적이고 정당하게 지켜질 수 있도록 보장해야 한다. 한마디로 이는 합리성에 근거한 과학의 필요에 따른 것이 아니라 명백하게 신앙에 따르는 관행이다. 이탈리아에서 가장 잦은 사망 원인은 심혈관 질환인데 우리가 건강을 위한 생활 방식과 식단을 유지하면 발병률이 감소한다고 알려져 있다. 그러나 어떤 의사도 환자들에게 조언한 식단과 삶의 형태가 법적 규제의 대상이 되고, 모든 행위에 보건 의무를 부여하고, 무엇을 먹을지 어떻게 살아가야 하는지도 법적 규정의 대상이 된다고 생각하지 못했을 것이다. 그러나 정확히 그런 일이 벌어졌고 사람들은 이동의 자유와 직업 그리고 우정, 사랑, 사회적 관계, 종교, 정치 신념을 포기했다. 적어도 지금은 모두 받아들인 것으로 보인다.

서양의 다른 두 '종교'인 기독교와 자본주의가 어떻게 반발 없이 의학과 과학에 우선권을 넘겨줬을까. 교회는 그들의 원칙을 부정해 버렸다. 현재 교황과 같은 이름의 프란체스코 성인이 자비로운 행동의 하나로 병자를 방문하며 나병 환자를 포용했던 일과 성찬(聖餐)은 참석해야만 집행할 수 있다는 사실을 잊어버렸다. 자본주의는 일부 반대가 있었겠지만 과거에는 절대로 고려하지 않았던 생산성의 손실을 받아들였다. 그리고 아마 적절하다 싶은 순간에 새로운 '종교'와 적절한 합의점을 찾길 바라며 기꺼이 타협할 것이다.

4) 의료 종교는 기독교가 단념한 종말론적 담론을 모두 받아들였다. 자본주의는 구원이라는 종교적 패러다임을 세속적으로 치환해 종말이라는 개념을 일찌감치 제거했고, 구원이나 끝이 없는 영구적인 위기 상태로 대체하였다. '크리시스(Krisis)'는 원래 의학적인 개념으로 『히포크라테스 선서』에 나오는 표현이며, 중대 질병에 걸린 환자의 생존 여부를 의사가 결정하는 순간을 의미했다. 신학자들은 이 단어를 종말의 날에 벌어질 최후의 심판을 나타내는 용어로 사용하기도 했다. 우리가 경험하는 예외상태를 살펴보자면 의료 종교는 끊임없는 위기와 끝에 다다른 자본주의, 그리고 최후의 심판이 있는 종말을 언급하는 기독교적 관념이 결합한 것이라 말할 수 있겠다. 최후의 심판을 지연시키며 그것을 지배할 수 있는 끊임없는 시도로 결코 해결하지 못하는 '종말(Eschaton)'이

다. 이는 인류 문명이 마지막 단계에 왔다고 생각하게끔 만드는 이 시대의 종교나 마찬가지다. 살아남을지 죽을 것인지 결정하는 의사들, 『히포크라테스 선서』를 따르는 그들처럼.

5) 기독교는 다르겠지만 자본주의가 그렇듯 의료 종교는 구원과 구제가 보장된 앞날을 그려 주지 않는다. 반대로 의료 종교가 목표로 하는 치료는 일시적일 수밖에 없다. 사악한 신(神), 바이러스는 단칼에 없앨 수 없기 때문이다. 오히려 끊임없이 진화하고 변이될 것이며 더욱 강력한 파괴력을 가질 것이다. 전염병 (L'epidemia)의 어원에서 알 수 있듯 데모스(Demos)는 그리스어로 정치적 존재로서의 민중을 의미하고, 폴레모스 에피데미오스 (Polemos Epidemios)는 『호메로스 찬가』[2]에서 내전이라는 단어로 쓰였다. 전염병은 사실 굉장히 정치적인 개념이자, 세계에 새로운 지평을 열 비정치적 개념으로 볼 수 있다. 사태를 꼼꼼히 분석한 일부 정치과학자들은 실제 우리가 경험하고 있는 전염병이 전통적인 전쟁의 형태인 세계대전을 대체한 세계내전이라고 보고 있다. 모든 국가와 민족은 이제 자기 자신과 끊임없는 전쟁을 벌이고 있다. 그들이 상대하고 있는 대상은 실체를 파악하기 어렵다. 보이지 않는 적은 바로 우리 안에 있기 때문이다.

2 『호메로스 찬가(Homeric Hymns)』는 고대 그리스의 시인 호메로스(Homeros, B.C 800- B.C 750)의 작품으로 전해지는 33편의 찬가집이다. 제작 연대는 기원전 8세기 무렵으로 추정된다. 신들의 탄생에 얽힌 이야기와 일화를 노래했다.

역사에서 여러 번 반복되었듯, 철학자들은 더 이상 기독교가 아닌 과학 혹은 다른 형태의 종교와 갈등을 겪어야 할 것이다. 다시 몇몇 책들은 블랙리스트에 오르고 불태워질지도 모르겠다. 그러나 분명한 건 계속해서 진실을 추구하고, 세상을 지배하고 있는 거짓말을 거부하는 사람들은 우리 눈앞에 이미 벌어진 일들처럼 가짜 뉴스를 퍼트렸다는 혐의를 받을 것이다. 알려지는 정보가 현실보다 중요하기 때문이다. 이 사태의 본질에 무감각한 사람들은 실재든 가상이든 모든 긴급 상황에서 그랬듯이 자신이 만들어 낸 재난으로부터 이익을 얻으려고 비방하는 철학자들과 악당들을 보게 될 것이다. 이 모든 일은 이미 벌어졌고, 앞으로도 계속될 것이다. 그러나 진실을 입증하려는 사람들 역시 그 누구도 자신의 입을 대신할 수 없으므로 멈추지 않을 것이다.

2020년 5월 2일

XII

Biosicurezza

바이오보안과 정치

이탈리아를 포함한 여러 국가에서 실행 중인 예외 장치에 대한 반응들 가운데 주목되는 것은, 마치 계속 작동하는 것처럼 보이지만, 사실은 직접적인 맥락을 넘어서는 이를 관찰하기 어렵다는 점이다. 인간과 문명에 대한 정부의 새 패러다임이 위태로워지는 현 상황이 더 큰 실험의 징후라고 해석하려는 사람은 드물고, 다만 심도 있는 정치적 분석을 해야 한다는 사람이 대부분이다. 이런 관점에서 7년 전에 출판된 『미생물 폭풍』[1]을 신중하게 살펴볼 필요가 있다.

이 책에서 질버르맨은 그동안 정치적 계산으로 뒷전에 밀려 있었던 바이오보안이 국제정치 전략에서 필수적인 부분이 되는 과정을 묘사하였다. 이 책의 주제는 최악의 시나리오로 정의된 상황을 규제하기 위한 하나의 도구로 '보건 공포'라는 개념을 만든 것이다. 이 최악의 시나리오에 따르면 2005년에 세계보건기구는 그 당시 국가들이 받아들일 준비가 되지 않은 정치적 대응 전략을 제안하면서, 이미 "조류인플루엔자로 1억 5천만 명에서 2억 명가량이 사망할 가능성이 있다."라고 발표했다. 질버르맨은 이때 제안

1   패트릭 질버르맨(Patrick Zylberman)이 2013년 갈리마르(Gallimard) 출판사에서 출간한 『미생물 폭풍(Tempêtes microbiennes)』.

된 장치가 세 가지 특징으로 구분될 수 있다고 언급했다.

a) 극한 상황을 통제할 수 있는 행동을 우선순위에 두는 방식으로, 데이터가 제시하는 가상 시나리오의 위험 가능성을 기반으로 구성

b) 최악의 논리를 정치적 합리성의 체제로 채택

c) 정부 기관과 시민 단체의 유착을 극대화하기 위해 단체들을 통합적으로 조직·관리하고 부과된 의무가 이타주의의 증거로 제시되는 일종의 최고의 시민 의식을 만들어 내고, 시민이 더 이상 보건 안전(Health safety)에 대한 권리가 아닌, 바이오 보안(Biosecurity)이라는 법적 의무를 지게 함

질버르맨이 2013년에 설명한 것들이 이제야 명확히 증명되었다. 보다 분명한 것은 향후 다른 바이러스 사태에 영향을 미칠 수 있는 긴급 상황을 넘어, 지금까지 알려진 모든 형태의 정부를 훨씬 능가하는 패러다임을 설계하는 것에 문제가 있다. 이미 이데올로기와 정치적 신념이 점차 쇠퇴하면서, 시민들은 전에는 허용하지 않았던 자유의 제한을 수용할 수 있게 되었다. 아울러 바이오보안은 높은 수준으로 시민들의 모든 정치 활동과 사회관계를 중단시

킬 수 있다는 게 증명되었다. 이를 통해 전통적으로 권리를 주장하고, 헌법 위반을 고발하는 데에 익숙한 좌파의 역설을 목격하게 되었다. 모든 적법성이 결여된 장관령으로 결정된, 자유의 제한을 무조건 받아들이는 현 상황은 파시즘조차도 감히 시도할 꿈도 꾸지 못했다.

명백한 것은 당국이 소위 '사회적 거리 두기'를 우리가 기다려 온 정치적 모델이라고 상기시키는 일을 멈추지 않을 것이란 점이다. 이는 소위 태스크포스라 불리우는 바이러스 대응팀의 구성원들이 자신들이 수행할 것으로 예상되는 역할과 분명히 이해 상충하는 것이라고 발표했음에도 말이다. 사회적 거리 두기는 전염이 의심되는, 이를테면 모든 곳에서 물리적인 인간관계를 디지털 기술로 대체할 것이다. 이탈리아 교육부에서 공표하였듯 내년부터는 온라인 교육이 안정적으로 진행될 것이다. 우리는 마스크에 덮여 서로의 얼굴을 쳐다보더라도 누군지 인지할 수 없고, 다만 의무적으로 수집된 생체 데이터와 이를 인식할 수 있는 디지털 기기를 통해서만 서로에 대해 알 수 있을 것이다. 정치적 이유든 친목 활동이든, 모든 모임은 금지될 것이다.

문제는 인류 운명에 대한 총체적인 개념이다. 여러 측면에서 현 상황이 세상의 종말에 관한 종교적 관점을 이어받은 것으로 보인다. 경제 논리가 정치 패러다임을 대체했고, 이제는 다른 모든 요구가 바이오보안이라는 새로운 패러다임을 위해 희생되어야만 한다. 그런 사회 속 우리를 여전히 스스로 인간이라고 부를 수 있을까. 또 얼굴을 맞댄 감정적 관계, 우정, 사랑의 상실이 추상적이고 어쩌면 완전히 허구일 수 있는 건강 보안으로 보상받을 수 있을지 자문하는 것은 합당해 보인다.

2020년 5월 11일

XIII

Due vocaboli infami

수치스러운 두 단어

보건 긴급 사태로 인한 여러 논란들 가운데 '부정주의자'와 '음모
론'이라는 악명 높은 단어가 등장하였다. 모든 정황에 따르면 이
표현들은 비판적 사고를 마비시키는 상황에 맞서 끊임없이 의문
을 던지는 사람들을 신뢰받지 못하게 하려는 목적을 갖고 있다.

첫 번째 단어에 대해서는 많은 설명을 할 가치조차 느끼지 못한
다. 여전히 다수의 이탈리아인이 은연중에 사용하는, 문화 곳곳에
퍼져 있는 반유대주의에 동조하는 유대인 박멸이라는 소재를 전
염병 사태와 같은 선상에 두고 있기 때문이다. 정당한 방법으로 불
쾌함을 드러내는 유대인 이웃들처럼 만일 유대인 공동체가 이 단
어를 부적절하게 남용한다고 지적한다면 이는 합당할 것이다.

반면, 참으로 놀라울 만큼 역사에 대한 무지를 보여 주는 두 번
째 단어는 우리가 살펴볼 필요가 있다. 역사가들의 기술 방식을 익
히 아는 사람들은 역사가들이 과거를 재구성하고 기록으로 남기
는 과정이 어떤 방법으로든 특정 목적성을 띠는 파벌·집단·그룹
이 수시로 협의와 행동을 통해 만들어 낸 결실이라는 것을 잘 알

고 있다. 이에 관한 수천 가지의 예시 가운데 한 시대의 끝과 새로운 역사 시대의 시작을 알린 세 가지 역사적 사건을 이야기해 보겠다.

기원전 415년 아테네인 알키비아데스[1]는 그의 명성과 부 등 가능한 모든 수단을 활용하여 자신의 비참한 마지막 그리고 아테네의 종말을 불러올 시칠리아 원정을 주장했다. 당시 기록에 따르면 원정대가 출발하기 며칠 전 헤르메스 동상이 절단되는 사건이 벌어졌다. 이를 알키비아데스 반대 세력들이 이용했다. 거짓 증인을 고용하고 공모를 벌여 결국 알키비아데스에게 사형이 선고됐다.

공화국 헌법에 충실할 것을 선언했던 나폴레옹은 1799년 11월 9일, '뷔르메르 18일 쿠데타'로 총재 정부를 전복하고 전권을 가진 제1통령이 되어 혁명을 종식했다. 그전에 나폴레옹은 시에예스, 푸셰, 보나파르트[2]를 만나 '500인 회의'의 반대를 예상하고 이를 극복할 수 있는 전력을 세밀하게 조직했다.

1922년 10월 28일, 약 2만 5천 명의 파시스트가 로마로 행진했다. 앞선 몇 달 동안 무솔리니는 미래의 3인 위원회인 데 베키, 데 보노, 비앙키[3]와 함께 가능한 많은 동맹 세력을 확보하고 반응을 시험해 보기 위해 단눈치오를 비롯한 정재계 주요 인사와 함께 의회 의장 팍타[4]와 접촉했다. 누군가는 심지어 왕을 비밀리에 만났다

---

1   알키비아데스(Alcibiades, B.C 450-B.C 404)는 소크라테스의 제자이자 아테네의 정치가다. 시칠리아 원정을 떠나기 전날 밤 헤르메스 동상이 절단되는 일이 벌어지고, 모함으로 알키비아데스가 범인으로 지목되어 사형 선고를 받는다. 이 일로 알키비아데스는 스파르타로 망명하였고, 이후 스파르타 편에 서서 아테네를 공격하여 아테네의 몰락을 이끌었다.

2   시에예스(Emmanuel Joseph Sieyès, 1748-1836)는 프랑스 제1제국의 사상의 틀을 정립한 정치가다. 푸셰(Joseph Fouche, 1759-1820)는 통령 정부 시기 나폴레옹의 참모로 활동했다. 독일의 작가인 슈테판 츠바이크(Stefan Zweig, 1881-1942)는 푸셰가 배신과 모사, 음모로 혁명의 배후를 실질적으로 조종하였다고 보았다. 보나파르트(Lucien Bonaparte, 1775-1840)는 나폴레옹의 동생이다.

알키비아데스는 무절제와 사리에 치우쳐,
펠로폰네소스 전쟁에서 아테네를 패배로
이끄는 원인을 만들었다. 알키비아데스가
아테네의 명문 출신이었고, 또 당대 최고의
교육을 받았다는 점 때문에 '반면교사'의
예로 자주 인용되곤 한다.

미켈레 데 나폴리(Michele De Napoli, 1808-1892)가
1839년에 그린 〈알키비아데스의 죽음(Morte di
Alcibiade)〉.

고 한다. 그리고 일종의 리허설로 1923년 8월 2일, 파시스트들은 안코나를 무력으로 점령했다.

이 세 가지 사건 모두 개인들이 집단이나 정당으로 모여 목표 달성을 위해 예측 가능한 상황을 수시로 점검하고 전략을 조정하였고 필요할 때는 단호하게 행동하였다. 물론 모든 인류사에서 그랬듯 우연이 작용하기도 하지만 우연으로 인류의 역사를 설명하는 것은 말도 안 되며 제대로 된 역사가라면 누구도 그러지 않을 것이다. 이를 '음모'라고 말할 필요는 없지만 음모론자를 음모의 전말을 세세히 재구성하려는 역사가라고 말하는 사람들은, 어리석다고 할 수는 없지만, 자신의 무지함을 보여 주는 셈이다.

이런 이유로 최근까지 음모와 작당 모의, 비밀 조직이 만연했던 이탈리아와 같은 나라에서 보건 긴급 사태를 향한 비판적 시각을 음모라고 완고하게 치부하는 것은 매우 놀라운 일이다. 역사가들은 폰타나 광장의 폭탄 테러[5], 모로 사건[6]까지 지난 50여 년 동안 이탈리아에서 벌어진 주요 사건 대부분을 여전히 제대로 파악하지 못하고 있다. 이탈리아 대통령 코시가[7]가 자신이 글라디오라는 비밀 조직에 적극적으로 가담한 적이 있었다고 선언한 것만 보더라도 말이다.

전염병에 관한 신뢰할 만한 조사에 따르면 이는 확실히 예기치

---

3 무솔리니(Benito Mussolini, 1883-1945)를 비롯해 데 베키(Cesare Maria De Vecchi, 1884-1959), 데 보노(Emilio De Bono, 1866-1944), 비앙키(Michele Bianchi, 1882-1930)는 파시스트 로마 진군의 지휘를 맡은 4인방이다. 데 보노는 이후 파시즘 반역죄로 사형 선고를

받고 총살당했다. 비앙키는 파시즘 시기 공공사업부 차관, 내무부 차관을 역임했다.

4 팍타(Luigi Facta, 1861-1930)는 무솔리니 집권 직전에 총리직을 역임한 인물이다.

5 1969년 12월 12일 밀라노 폰타나 광장에서 일어난 폭탄

테러 사건. 모든 피고인이 무죄 선고를 받았다.

6 이탈리아의 총리를 역임한 정치가인 모로(Aldo Romeo Luigi Moro, 1916-1978)가 극좌파 테러리스트에게 납치되어 시신으로 발견된 사건을 말한다.

무솔리니를 중심으로 한 3만여 명의
파시스트들은 로마 진군을 통해 자신들의
존재감을 과시했다. 로마 진군 다음 날인
1922년 10월 29일 이탈리아 국왕은
무솔리니를 총리로 선포하고 파시스트들은
본격적으로 세력을 넓히기 시작했다.

않게 발생한다는 것을 보여 준다. 질버르맨의 『미생물 폭풍』에 잘 나타나 있듯, 2005년 세계보건기구는 조류인플루엔자 확산 당시, 현재 벌어지고 있는 일들을 하나의 시나리오로 염두에 두고 있었고 시민들의 무조건적 동의를 얻어 내는 방법 등을 각국 정부에게 알려준 바 있다. 세계보건기구의 주요 후원자인 빌 게이츠는 바이러스로 인해 수백만 명의 사망자가 발생할 것이고 이에 대비해야 할 필요가 있다며 팬데믹의 위험을 수차례 경고했다. 그래서 2019년 미국 존스홉킨스 센터는 빌 앤 멀린다 게이츠 재단의 후원을 받아 새로운 바이러스가 출현할 경우 조직적인 대응을 대비하기 위해 전염병학자들과 전문가들을 모아 '201 이벤트'라는 팬데믹 시뮬레이션 훈련을 진행하기도 했다.

역사가 항상 그렇듯이 이 경우에도 합법적이든 혹은 불법이 되었든 간에 자신들의 목표를 달성하기 위해 최선을 다하는 사람과 조직이 있다. 이들에게는 무슨 일이 벌어지고 있는지 의문을 가지는 사람들의 생각을 이해하는 것이 중요하다. 따라서 음모에 대해 말하는 것은 사실상 현실에 아무런 보탬이 되지 않는다. 그러나 역사적 사건을 알리고자 하는 사람들을 음모론자라고 하는 것은 한마디로 수치스러운 것이다.

2020년 7월 10일

---

7 코시가(Francesco Cossiga, 1928-2010)는 모로 정권 때 내무부 장관을 역임하였으나, 모로가 살해되자 장관직을 내려놓았다. 이후 1985년부터 1992년까지 이탈리아의 8대 대통령으로 활동하였다. 코시가는 2008년 자신을 포함, 모로 역시 '적진에 남아라'를 모토로 공산주의 확산을 막는 국제 비밀 군사조직인 글라디오 조직(L'organizzazione Gladio)의 일원이라고 밝혀 파문이 일기도 했다.

XIV

Che cos'è la paura?

두려움이란 무엇인가?

오늘날 사람들이 자신의 윤리적·정치적·종교적 신념을 망각할 만큼 느끼는 두려움은 무엇일까? 물론 익숙한 무언가이지만 그것을 정의하려고 하면 더 이해하기 어려운 것처럼 여겨진다.

하이데거는 『존재와 시간』 제 30장에서 두려움을 일종의 '기분'[1]으로 다뤘다. 두려움은 '현존재'[2]가 언제나 원초적으로 세계에 대해 개방성을 띠고 있는 기분에 젖어 있다고 떠올려 보면 이해할 수 있다. 인간은 감정이 변화하는 상황에 놓이면 자신이 처한 세계에 대한 근원적인 의문을 제기한다. 따라서 의식은 항상 이러한 감정적 상황에서 의문을 예견하기에 세계에 대한 근원적 발견을 마음대로 제어하고 처리할 수 있다고 믿지 않게 된다. 사실 기분은 결코 심리적 상태와 혼돈되어서는 안 된다. 기분은 인간의 존재를 세상에 열어 놓은 개방성의 존재론적 의미를 뜻하고, 인간이 경험할 수 있는 현실에서만 벌어질 가능성 있는 경험·애정·의식에서만 발생할 수 있다.

성찰은 기분이 현존재를 개방했을 때만 체감할 수 있다. 두려움

---

1   독일의 실존철학자 하이데거(Martin Heidegger, 1889-1976)의 용어 'Befindlichkeit'를 아감벤은 이탈리아어로 'Tonalità Emotiva' 즉, '감정의 톤'으로 번역하였다. 국내 하이데거 학자들은 'Befindlichkeit'를 '기분'이나 '심경'으로 번역하기도

하지만, 최근 철학적 용어로서 '정황성(情況性)'이라고 주로 표현한다. 본고에서는 독자들의 가독성을 위해 일상 생활에서 자주 사용하는 '기분'으로 번역하였다.

2   인간이 '현(現)'을 열고 '현' 안에 존재한다는 것을 표현하는, 하이데거만이 쓰는

용어다. 현존재를 영어로 표기하면 '거기에 있음(Being There)'이라고 볼 수 있다. 인간이라는 존재자는 정지된 사물이 아닌 항상 특정한 상황에 놓여 있는 존재자라는 의미다. 이는 곧 인간이 시간의 흐름 속에 놓인 존재라는 의미이기도 하다.

은 우리를 위협하지만 실상은 외부 혹은 내부로부터 오지 않는다. 두려움은 하나의 양상으로 '세계-내-존재' 그 자체에서 발생한다. 다른 한편으로 이 개방성은 개방하는 그 자체만으로 인식되지 않는다. 오히려 개방성은 벌거벗은 '현사실성'[3]만을 드러내기에, 순수하게 '있는 자체'를 보여 준다. 이를 통해 존재가 숨겨져 있는 장소와 시작된 장소를 알려 준다. 따라서 하이데거는 감정적 상황이 스스로 '그 장소'에 '던져'지고 '놓여'져 현존재를 연다고 말한다. 기분에서 발생한 개방성은 예상할 수 없는 무언가로 되돌아가고, 결코 성공할 수 없는 탈출을 시도하는 존재의 형상이나 마찬가지다.

이는 불쾌함·지루함·우울증일 때도 마찬가지다. 그 자체에 대한 인식보다 더 근원적인 현존재를 개방하는 동시에 모든 종류의 비-인지를 보다 단호하게 닫는 것이 분명하게 드러난다. 따라서 우울증일 때 현존재는 스스로의 눈을 멀게 만든다. 보고자 하는 세계는 가려져 있고 주변 예측도 어두워진다. 그러나 여기서도 현존재는 어떤 식으로든 스스로 해방될 수 없는 개방성과 연관된다. 이는 두려움을 다루는 데 필요한 기분의 존재론적인 배경에 있다. 하이데거는 이 현상을 세 가지 측면, 직면하는(Wovor) 두려움의 대상, 두려움(Furchten) 그 자체, 그리고 두려움의 이유(Worum)로 보고 분석을 시작했다.

3   현존재는 어쩔 수 없이 자기의 존재에 던져져 있다. 그렇기에 현존재는 자기를 자기의 존재에 떠맡겨 자기의 존재를 존재하도록 해야 한다. 이처럼 자신의 피투성(被投性)을 고스란히 인수하는 현존재만의 독특한 실존적 사실성이 현사실성이다.

직면하는 두려움의 대상은 언제나 세계-내-존재다. 고로 본질이 무엇이든 간에, '경악하는 것'은 세상에 그것이 제시되고 그 자체만으로도 위협적이고 해로운 성격을 지녔다는 것을 의미한다. 이 경악스러움은 잘 알려진 것처럼 그다지 인간의 마음을 안심하게 만들지 않으며 언제나 일정한 지근거리에 있다. 해롭고 위험한 존재자는 아직 멀리 있어 제압할 수는 없지만, 점점 가까워지고 있다. 해로운 것은 가까워질수록 점차 위협이 된다.

"해로움이 위협으로 치환되면서 우리는 그것에 영향을 받을 수도 있고 아닐 수도 있다. 더 가까워질수록 위협은 실제로 벌어질 수도 있고 아닐 수도 있게 된다. 해로움이 정말 근접하면 우리는 아무 일도 일어나지 않고 지나가 버릴 가능성이 있다는 것을 발견하게 된다. 그러나 이것은 두려움을 억제하거나 감소시키는 것이 아니라 오히려 증가시킨다." -『존재와 시간』 중에, 이하 같은 책

두려움을 특징짓는 '확실한 불확실성'은 '혐오하는 어떤 사건을 의심'하는 '비연속적인 슬픔'이라는 스피노자의 명제에서도 드러난다.

두려움의 두 번째 특징으로, 하이데거는 두려워하기와 동일한 개념으로서의 공포가 미래의 재앙이 합리적으로 예측되는 것이기에 뒤이은 두 번째 단계에서 공포가 온다고 하였다. 즉, 처음부터 무언가가 접근하고 있다고 '발견'함으로써 두려움이 발생한 것이다.

"오로지 두려워해야만 두려움이 있고, 두려움은 그것을 관찰하면서 무엇이 두려운지 깨닫게 된다. 두려움의 기분에 이미 우리가 놓여 있으므로 두려움을 깨닫는 것이다. 세계-내-존재에 깃들어 있는 잠재된 가능성으로서의 감정적 성향, 두려움은 이미 두려운 무언가가 다가올 수 있도록 세계를 발견한 것이다."

'두려워함'은 현존재에서 시작된 개방성으로, 나중에 확인할 수 있는 두려움보다 언제나 선행한다. 마지막으로 왜, 누구를 위해, 그리고 무엇을 위해 두려움은 두려움을 갖게 하는지, 이 문제에 대해서 하이데거는 '두려워함'이 존재자 그 자체, 바로 현존재라고 보았다.

"자신의 존재를 위한 존재자만이, 존재를 스스로 증명하는 존재자만이 무서워할 수 있다. 두려움은 이 존재를 위험에 빠트리고, 자신의 존재를 스스로 포기함으로써 실체를 개방한다."

이따금 자신의 집과 재산 혹은 다른 것들에 두려움을 느낀다는 사실은 이러한 분석으로 설명할 수 있겠다. 실제로 무서워하지 않으면서 우리는 '두렵다'라고 말할 수 있고, 실제로 두려움을 느낀다면 이는 우리에게 위해가 될까 무서워하기 때문이니, 결국 두려움은 자기 자신을 위한 것이다.

그런 의미에서 두려움은 항상 노출되고 위협받는 인간의 존재를 인간이 스스로 개방하는 감정적 성향의 원초적인 한 방식이라고 볼 수 있다. 위협에는 당연히 다양한 정도와 단계가 있다. 만약 무언가 위협이 된다면, 당장은 아니지만 예기치 않게 언제든지 위협이 다가오게 돼 있고, 두려움은 경악(Erschrecken)이 된다. 만약 위협이 되는 것이 아직 알려지지 않았고, 매우 심오하고 낯설다면 이때의 두려움은 전율(Grauen)이 된다. 그리고 이 두 가지가 합쳐지면 두려움은 공포(Entsetzen)가 된다. 어쨌든 '기분'의 다양한 형태는 인간이 존재를 스스로 세상에 개방하면서 본질적으로 드러내는 '두려워함'이다.

하이데거가 『존재와 시간』에서 다룬 유일한 기분은 '불안'[4]으

4 아감벤이 사용한 L'angoscia라는 이탈리아어 단어는 '고뇌'에 더 가까운 의미이지만, 국내 하이데거 번역서의 대부분은 아감벤이 L'angoscia라고 이탈리아어로 번역한 하이데거의 용어 'Angst'를 '불안'으로 표현하였기에, 본고에서는 '불안'이라 번역했다.

로, 기분을 주로 논의할 때 두려움이 아닌 불안에 대해 말했다. 그러나 하이데거가 불안의 본질을 정의할 수 있었던 이유는 명백히 두려움과 관련이 있다. 무엇보다도 하이데거는 불안과 두려움을 다음과 같이 구별했다.

"불안에 앞선 대상과 두려움에 앞선 대상이 느끼는 두려움은 다르다."

두려움은 항상 두려움에 선행하는 대상과 관련 있지만 불안에 '앞서는 대상'은 결코 세계-내-존재가 아니다.

"불안에서 생성된 위협은 그 위협으로 인한 손상의 가능성이 없을 뿐만 아니라 불안에 '앞서는 대상'이 완전히 불확실하다. 이 불확실함은 어떤 세계-내-존재가 위협하는지를 규정하지 못한 채 남겨질 뿐 아니라 일반적으로 세계-내-존재가 전혀 '관련 없다'는 것을 의미한다."

"불안에 앞선 '대상'은 존재자가 아니라 세계 그 자체다. 그러니까 불안은 세계에 대한 근원적인 개방성이다."

"그리고 불안은 항상 잠재적으로 인간을 세계-내-존재로 결정한다. 그리고 이것은 두려움을 유발할 수 있다. 두려움은 세계에서 멀어진 불안이며, 진실하지 않고 그 자체로 숨겨져 있다."

두려움보다 우위에 있는 불안이 언제든 쉽게 뒤바뀔 수 있다는 하이데거의 논리는 근거 없이 정립되지 않았다. 두려움을 불안이 감소하고 어떤 대상에 함몰되는 것으로 정의하는 대신 불안의 정의 대상을 '박탈당한 두려움'으로 한다면 말이다. 그리고 이 대상에서 두려움이 사라지면 불안으로 바뀐다. 그런 의미에서 두려움은 인간이 이미 항상 마주하기 쉬운 근본적인 기분이 될 것이다. 여기서 두려움의 본질적인 정치적 의미가 드러난다. 두려움은 최소한 홉스[5] 이후로는 권력을 구성하고 정치 기반과 정당화를 추구해 왔다는 것이다.

하이데거의 해석을 계속해서 따라가 보자. 여기서 우리가 관심을 두는 두려움은 항상 어떤 것이나 특정한 세계-내-존재(현재 상황에서는 존재자 가운데 가장 작은 바이러스)와 관련돼 있다. '세계-내'라는 것은 세계를 향한 개방성, 즉 모든 관계를 잃어버리고 초월의 가능성 없이 현사실로만 존재하는 것을 의미한다. 하이데거

---

5   홉스는 인간이 자연 상태에서 느끼는 공포를 해소하고자, 즉 무질서의 상태에서 벗어나기 위해 상호 계약을 바탕으로 국가가 만들어졌다는 '국가 계약설'을 주장하였다. 아감벤은 두려움에 대한 홉스의 이론에서 '리바이어던'이 시작되었다고 보았다.

에게 세계-내-존재의 구조가 초월성과 개시성을 의미한다고 보면, 현존재를 사물성의 범주로 넘겨주는 것이 바로 초월성이다. 사실상 세계-내-존재는 세계에 개방성을 드러내고 나타내게 하는 무언가에 근원적으로 열려 있음을 의미한다. 세계가 없는 동물은 사물을 사물로 인식할 수 없지만 인간은 세계에 자기 자신을 개방함으로써 사물을 인식한다.

이 지점에서 바로 두려움의 근본적인 능력이 나타난다. 두려움은 인간이 세계와 사물 사이의 연결을 잃어버릴 때 나타나는 기분이다. 두려움은 인간과 사물의 관계가 세계-내-존재들에게 가차 없이 넘겨져, 현 시점에 위협을 가하고 있는 '어떤 것'과의 관계를 회복할 수 없다는 것을 의미한다. 세상과의 관계가 사라지면 '어떤 것'은 그 자체로 공포가 된다. 두려움은 근대성이 발생했을 때처럼, 인간이 벗어날 수 없는 어떤 사물성으로 놓여져 추락하는 차원의 것이다. 공포 영화에서처럼 인류를 공격하고 위협하는 경악스러운 존재인 '어떤 것'은 이같은 의미에서 극복할 수 없는 사물성이 구체화된 것일 뿐이다.

따라서 두려움을 정의할 때 언급하는 무력감도 마찬가지다. 두려움을 느낀 사람은 자신을 위협하는 무언가로부터 자신을 보호하려고 모든 방법과 예방 조치를 동원한다. 예를 들면 마스크를 쓰

아감벤에 따르면 두려움은 언제 어디서든
세계 내에 존재하기에 이를 어떻게
인식하느냐가 관건이다. 마그리트는
자신이 겪은 극도의 두려움, 트라우마적
경험을 작품으로 표현했다. 그는 어린 시절
어머니가 강물에 뛰어들어 자살하는 모습을
목도하였고, 이것이 그의 초현실주의적인
세계관과 사실적인 표현 기법에 큰 영향을
주었다.

르네 마그리트(René Magritte, 1898-1967)가 1928년에 그린
〈연인들(Les Amants)〉.

거나 집 밖으로 나가지 않는 등. 그런다 한들 이 행동들은 두려움을 느낀 사람을 안심시켜 주지 않고 오히려 '어떤 것'에 직면하지 못하는 무력감을 지속시켜 주고 자신의 상황을 더욱 분명히 이해하게 만들 뿐이다. 그런 의미에서 두려움은 권력에 대한 의지와 정반대의 성격을 띤다고 정의할 수 있다. 두려움은 본질적으로 '무력감의 의지'이며, 두려움을 일으키는 것에 대해서는 '무력-할-의지'다. 그렇기에 두려움으로부터 안심하기 위해 의사나 공무원 같은 일종의 권위가 있는 자에게 의지할 수도 있다. 그러나 이것은 두려움에 수반하는 불확실함을 결코 줄여 주지 않고, 근본적으로 불안정에 대한 의지, 즉 '무력-할-의지'일 뿐이다. 또 안심시켜야 할 주체가 오히려 불안정성을 키우고 두려움의 상황에 이득을 보기도 하면서 두려움을 극복하거나 단번에 제거할 수는 없다고 끊임없이 강조한다.

본질적으로 인간이 끊임없이 추락하는 가운데 이 '기분'을 근본적으로 바로잡는 방법은 무엇일까? 두려움은 의식과 성찰에 선행하기 때문에 합리적인 증거와 주장으로 두려워하는 사람들을 설득하려는 것은 쓸모없는 짓이다. 무엇보다도 두려움은 두려움이 스스로 제시하는 추론으로만 접근할 수 있다. 하이데거가 서술한 것처럼.

"두려움은 사고를 마비시키고, 생각을 잃게 만든다."

이 때문인지 현재 전염병에 대한 신뢰할 수 있는 데이터와 권위 있는 출처가 제시한 의견이 사회 시스템적으로 무시되고 있다. 아울러 진실의 의견이 과학적으로 입증되지 않은 신뢰할 수 없는 다른 데이터와 이견에 의해 묵살되고 있다.

두려움의 본질적 특성을 고려한다면, 두려움을 극복하기 위해서는 이와 유사하면서도 근본적인 차원에서 접근해야 한다. 그리고 그러한 차원은 존재한다. 바로 세상에 대한 개방성이다. 개방성으로 인해 '어떤 것'이 등장하고 우리를 위협할 수 있다. 이때의 '어떤 것'은 경악스러운 것이 되곤 한다. '어떤 것'들이 초월하는 동시에 존재하고 있다[6]는 점을 잊기 때문이다. 떼려야 뗄 수 없는 두려움에서 '어떤 것'을 잘라 낼 수 있는 유일한 가능성은, 인간이라는 존재가 이미 항상 드러나고 벗겨지는 개방성을 갖고 있다고 떠올리는 것이다. 논리가 아닌 근원적 기억으로 자기 자신과 세상에 있는 인간의 존재를 기억하는 것이 우리 자신을 두려움으로부터 자유로운 하나의 사물로 접근할 수 있도록 해 준다. 나를 두렵게 하는 '어떤 것'은 비록 눈에 보이지 않더라도 다른 모든 세계-내-존재와 마찬가지로 나무, 개울, 사람처럼 순수한 존재로 개방된

6 하이데거의 용어 'Mitzugehörigkeit'를 아감벤은 이탈리아어로 'Coappartenenza'라고 번역하였다.

다. 우리가 세상에 존재하기에 '어떤 것'이 우리에게 나타나고, 또 때에 따라 우리를 두렵게 할 수도 있다.

사실 그것들은 세상에 있는 우리 존재의 일부다. 또 이것이 부당한 주권적 가치를 기반으로 개념화해 분리된 물성을 띠는 게 아니라, 우리의 행동에 윤리·정치적 규범을 지시할 뿐이다. 물론 예기치 않게 나무가 부러져 떨어질 수 있고, 시냇물이 넘쳐 마을이 범람할 수 있으며, 타인이 우리를 갑자기 때릴 수도 있다. 그런데 이러한 일련의 가능성이 갑작스레 현실이 돼 버리면 정당한 두려움은 우리가 정신을 차리고 패닉에 빠지지 않도록 적절하게 주의할 점을 알려 줄 것이다. 우리의 두려움을 기반으로 긴급 사태가 정상 규범이 되고, 우리가 할 수 있는 일과 할 수 없는 일을 그들 마음대로 결정하고, 자유를 보장하는 규칙을 삭제하도록 내버려 두더라도.

2020년 7월 13일

XV

Stato di eccezione e stato di emergenza

예외상태와 긴급상태

내가 한때 존경했던 법학자는 방금 정렬된 신문의 기사에서 또다시 예외상태를 선언한 정부의 주장이 합법적이라고 정당화하였다. 이 법학자는 슈미트[1]와 다를 바 없이, 현재 헌법을 보존하거나 복원하는 것을 목적으로 하는 장관령 독재와 새로운 질서 확립을 목표로 하는 주권 독재 사이의 차이를 솔직하게 말하지 않고 다시금 이를 언급하면서 긴급과 예외를 더 정확하게는 '긴급상태'와 '예외상태' 사이에서 구별한다. 어떤 헌법도 합법적인 헌법의 파괴를 고려할 수는 없기에 이 주장은 실질적인 법적 근거가 없다. 바로 이런 이유로 슈미트는 '예외상태를 결정하는 사람'이라는 주권자에 대한 유명한 정의를 포함하는 『정치 신학』에서 독일 학계 해석 안팎을 다루며 법적 질서와 정치적 사실의 사이, 그리고 법과 법의 정지 언저리에서 '어느 누구도 아닌 자의 영역'을 정의하는 기술 용어를 적용하여 아우스나메츠슈탄트(Ausnahmezustand), 즉 예외상태를 쉽게 정당화한 바 있다. 이 법학자는 슈미트가 주장했던 최초의 구분을 추적하면서 긴급상태는 보수적이지만 예외는

---

1 칼 슈미트(Carl Schmitt, 1888-1985)는 나치즘에 학술적 명분을 제공한 독일의 법학자이자 정치학자로 『정치 신학(Politische Theologie)』이라는 책을 저술했다. 아감벤은 나치 정당에서 활동한 슈미트가 주권자를 '예외상태를 결정하는 자'라고 정의한 것을 언급하며 예외상태에 대한 고찰이 현대 정치철학의 핵심임을 역설하였다.

혁신적이라고 하였다.

"긴급은 가능한 한 빨리 정상으로 돌아가는 데 사용되는 반면 예외는 규칙을 어기고 새로운 명령을 내리는 데 사용된다. 긴급상태는 '시스템의 안정성을 전제'로 하고, 예외상태는 반대로 '다른 시스템으로 가는 길을 여는, 시스템의 파괴'다." - 어느 법학자의 기고문 중에

모든 증거에 의하면 이 법학자가 얘기하는 구분은 다분히 정치적이고 사회학적이다. 사회 시스템의 유지 혹은 붕괴로 법 질서의 정지를 선고할 권한이 있는 권력자들이 자신들의 의도에 맞춘 개인적인 판단을 의미하는데 이를 법적인 관점에서 검토하면 예외상태와 긴급상태는 동일하다고 볼 수 있다. 두 가지 모두 헌법의 수호를 아주 쉽고 명료하게 정지 상태로 만들기 때문이다. 그 목적이 무엇인지 누구도 명확하게 파악할 수는 없겠지만, 예외상태가 일단 선언되면, 이러한 결정을 내린 배경이나 실상, 그리고 심각성을 검증한 사례는 없는 것 같다.

이 법학자가 글에 "오늘 우리가 보건 긴급 상황에 직면하고 있다는 사실은 의심할 여지가 없다."라고 기술했던 것은 우연이 아

닌 것이다. 이 의견은 의학적 권위를 주장할 수 없는 사람이 호기심으로 내린 주관적인 판단으로, 이에 대해 다른 권위 있는 사람들이 반대할 가능성이 있다. 특히 이 법학자는 "과학 분야에서 여러 이견이 존재한다."라고 인정하였기 때문에 궁극적으로는 이 모든 것을 결정하는 비상을 선포할 권한이 있는 자에게 초점을 맞춘 것이다. 그리고 긴급상태는 애매한 권한을 포함하는 예외와는 달리 "정상으로 복귀하는 것을 목적으로 하는 권한만을 포함한다."라고 하면서도 "미리 명시할 수는 없다."라는 점을 바로 인정하였다.

그가 논의하는 것과 유일하게 현 상황과 관련 있는, 헌법 수호가 정지된다는 관점에서 본다면 예외상태와 긴급상태는 사실상 차이가 없다. 이를 깨닫기 위해서 매우 훌륭한 법률 문화를 들춰볼 필요도 없다.

법학자의 주장은 두 가지 면에서 그럴싸해 보인다. 구분을 법적 잣대로만 했을 뿐만 아니라 정부가 규정한 예외상태를 정당화하고자 자신의 권한을 넘어선, 논쟁의 여지가 있을 법한 주장에 근거하고 있다. 사실 이러한 그의 글은 매우 놀랍다고 말할 수 있다. 그가 주장하는 것은 두 번의 세계대전과 파시즘 때조차 헌법에 명시된 권리의 보장이 정지되고 위반된 적이 없었던, 다름 아닌 긴급상태이기 때문이다. 그는 분명히 이에 대해 인지하고 있다. 그리고 이 상황이 일시적이지 않다는 점은 권력자들의 행동을 통해 분명하게 확인할 수 있다. 권력을 쥔 자들은 바이러스가 사라지더라도 언제든 다시 벌어질 수 있는 이런 사태를 지치지도 않고 반복해서 시도할 것이다.

그리고 이 법학자는 글의 말미에서 아마도 지식인으로서 일부 남은 정직함으로 '바이러스와 관계없이 전 세계가 어느 정도나 예외상태로 유지될 것인가 하는 논쟁'을 하는 사람들의 의견을 언급하면서 자본주의의 경제적-사회적 시스템은 현재의 사법 질서와 기구들로는 위기에 대처할 수 없다고 했다. 이 같은 관점에서 그는 "사회 전체에 영향을 끼친 바이러스 감염 사태는 우연이자 순종하는 사람들을 통제하고 모을 수 있는 예상치 못한 기회다."라고도 하였다.

우리 자신이 속한 사회에 대해 더욱 신중하게 고민하도록 권하고, 법학자들이 예전처럼 그들이 속한 시스템을 정당화할 의무만 있는 행정 관료가 아니라는 점을 상기시키는 일은 반드시 필요한 행동일 것이다.

2020년 7월 30일

XVI

Quando la casa brucia

집이 불탈 때[1]

'집이 불타면 내가 하는 모든 일이 의미가 없다.'

그러나 집이 불타는 동안에도 평소처럼 모든 일을 조심스럽고 정확하게, 어쩌면 더 신중하게 할 필요가 있다. 아무도 알아차리지 못하더라도. 어쩌면 생명과 삶 자체가 지구상에서 사라지고 좋건 나쁘건 간에 모든 기억이 전혀 남지 않을 수도 있다. 그러나 당신은 예전에 하던 것을 여전히 할 것이고 바꾸기엔 너무 늦었다. 더이상 남은 시간이 없다.

"당신 주변에 일어나는 일은 더 이상 당신의 일이 아니다."[2]

영원히 돌아갈 수 없는 고향처럼. 여전히 어떤 식으로든 당신에게 영향을 미치는가? 이제 더는 당신의 일이 아니다. 모든 것은 끝난 것이나 마찬가지다. 모든 장소와 모든 것들이 가장 진실한 모습으로 떠오르고, 당신에게 어떻게든 더 가까이 다가간다. 영광과 불행의 모습으로.

---

1   기후 변화의 경각심을 일깨우는 목소리를 낸 소녀 툰베리(Greta Thunberg, 2003-)의 "우리 집이 불타고 있다(Our house is on fire)."를 연상시킨다.

2   루마니아 출신의 심리학자이자 작가인 니나 카시안(Nina Cassian, 1924-2014)의 『금지(Interdicţie)』를 인용했다.

철학, 죽은 언어. "시인의 언어는 항상 죽은 언어다. 이렇게 말하면 이상하게 느끼겠지만. 사유에 더 큰 생명을 주기 위해 사용되는 죽은 언어"[3]다. 어쩌면 죽은 언어가 아니라 방언일 수도 있다. 철학과 시가 언어보다 절제된 언어로 말하고자 함은 철학과 시의 지위와 특별한 생명력을 보여 준다. 쉼표 하나 바꿀 수 없지만 계속 솟아오르는 죽은 언어, 방언으로 세상을 평가하고 판단하는 것이다. 집이 불타고 있는 지금 이 순간에도 방언으로 계속 말하자.

어떤 집이 불타고 있을까? 당신이 사는 나라 혹은 유럽 또는 전 세계가? 언제부터인지 몰라도 집과 도시는 이미 불타고 있었고, 우리는 그때의 커다란 불기둥을 못 본 체했을지도 모른다. 이미 불길이 앗아가 버리고 남은 건 일부의 벽, 프레스코화가 그려진 한쪽 면, 건물 지붕 덮개, 그리고 이름들, 수많은 이름뿐이다. 그런데도 우리는 이 상황이 온전한 것처럼 조심스럽게 하얀 회반죽과 거짓의 단어로 덮어 놓았다. 마치 모두 괜찮은 것처럼. 밑바닥부터 마천루 끝까지 불탔는데도 잘 버티고 있는 척하는 집과 도시에서 우리는 살고 있다. 사람들은 아무 일 없는 듯 태연하고, 한때 익숙했던 공간인 폐허 속에서 마스크로 위장하고 거리로 나선다.

그리고 이제 불길은 형태와 기질이 바뀌어 눈에 보이지 않는 차가운 디지털이 되었다. 하지만 그 덕분에 더 가까운 거리에서, 사

3   이탈리아 시인
파스콜리(Giovanni Pascoli,
1855-1912)의 『귀환(Il
Ritorno)』의 문구를 인용했다.

방에서 매 순간 우리를 둘러싸고 있다.

하나의 문명(야만)이 붕괴하여 다시 일어나지 못하는 것은 이미 발생했던 일이고, 역사가들은 휴지기와 난파선을 탐구하고 연대를 측정하는 데 익숙하다. 그러나 우리는 눈과 얼굴을 가린 채 영광과 자부심도 없이 비참함과 두려움으로 무너지는 공화국을 어떻게 증언할 수 있을까? 눈을 가린다는 것은 매우 절망적이다. 조난자들은 자신들이 난파선을 지배하겠다고 주장하고, 기술적으로 모든 것을 통제할 수 있다고 강하게 확신한다. 새로운 신이나 천국은 필요하지 않다고, 단지 지금은 금지만 필요하다고, 혹은 의사나 전문가만 있으면 된다고 말한다. 이들이 어쩌면 패닉을 조장하는 악당일 수도.

기도와 희생이 없다면 신은 도대체 무슨 의미일까? 또 명령도 처형도 모르는 법은 무엇을 의미할까? 의미도, 명령도 없지만, 정말로 발단이 되는 단어, 아니 그 발단의 앞에 오는 단어는 무엇일까?

종말을 감지하고, 더 이상 생명력이 없다고 느끼는 문화는 자신의 파멸을 영구적인 예외상태를 통해 넘어서려 한다. 이 시대의 본질적인 성격을 보여 주었던 융거(Jünger)[4]들의 총동원은 이러한 관점에서 보아야 한다. 사람들이 동원되어야 하고, 이들은 매 순간 긴급상태에 처해 있어야 하며, 이러한 긴급을 선포하는 결정권을 가진 사람들에 의해 마지막까지 아주 사소한 것까지 규제된다는 것을 깨닫는다. 동원은 한때 사람들을 더 가깝게 만들기 위함이었지만, 이제는 서로를 멀리하고 격리하는 것을 목적으로 한다.

언제부터 집이 불타고 있었을까? 얼마나 오래 불타고 있었을까? 확실한 것은 한 세기 전, 1914년과 1918년 사이에, 유럽에서 어떤 사건이 벌어졌었다. 한때는 온전히 살아 있는 것처럼 보이는 모든 것이 불길과 광기에 휩싸였다. 그리고 30년 후 다시 사방에 불이 퍼졌고, 그 이후 쉬지 않고 조용히 재 아래 보일락 말락 했던 불씨는 멈추지 않고 계속 타고 있었다. 아마도 화재는 구원과 진보를 향한 인류의 맹목적인 충동과 불, 그리고 기계의 힘으로 합쳐졌던 그 시절보다 훨씬 이전에 시작되었을 것이다. 이 모든 것은 너무 잘 알려져 있고 반복해 말할 필요도 없다. 그보다 우리는 모든 것이 불타오르는 동안 어떻게 계속 살아가고 사유할 수 있을지, 불기둥의 중앙이나 가장자리에는 무엇이 남아 있을지 스스로 물어볼 필요가 있다. 어떻게 우리가 화염 속에서 숨을 쉴 수 있을지, 무엇을 잃어버렸는지, 어떤 잔재가, 어떤 기만이 우리에게 바짝 붙어

---

4 융거(Jünger)는 독일어로 '문인'이라는 뜻으로 아감벤은 현 상황에 침묵하는 지식인들을 에둘러 비판하기 위해 이같은 표현을 사용했다.

있는지.

이제 더 이상 불길은 없고 숫자와 수치 그리고 거짓말만 있다. 우리는 분명히 더욱 약해졌고 외로워졌다. 그러나 우리는 이제 어떤 타협의 가능성도 없는, 이전에는 없었던 명백함을 갖게 되었다.

오로지 불타 버린 집에서만 건축 설계의 근본적인 문제를 파악할 수 있다면 이제 서양의 역사에서 무엇이 위태로운지, 그 부분을 파악하기 위해 어떤 대가를 치러야 하는지, 그리고 왜 실패할 수밖에 없는지를 볼 수 있을 것이다.

그것은 마치 어떤 희생을 치르더라도 권력이 스스로 만들어 낸 '벌거벗은 삶'을 움켜쥐려는 것과 같다. 그러나 모든 장치를 동원하여 조절하고 통제하려고 노력하여도, 경찰뿐 아니라 의사나 기술자도 잡아 두지 못할 것이다. 정의 내리기 모호하기 때문이다. 벌거벗은 삶을 다스리고자 하는 것은 이 시대의 광기다. 순수한 생물학적 존재로 축소된 인간은 더 이상 인간이 아니며, 정부가 인간 외 사물을 지배하는 것과 같은 이치다.

절대 거주할 수 없는 진짜 내 집, 살았다고 믿었지만 진짜로 살았던 적 없는 삶, 한 번도 말하지 못했지만 한 음절, 한 음절 철자로 완성된 언어, 이 모든 나의 것들을 나는 가질 수 없을 것이다.

흔히 생각과 언어가 분리되면 말하고 있다는 사실을 잊어버리면서 말한다고 믿는다. 시와 철학은 무언가를 말하면서 자신이 말하는 것을 잊지 않고 언어로 기억한다. 언어를 기억하고 말할 수 있다는 것을 잊지 않는다면 우리는 더욱 자유롭고 사물과 규칙에 강요받지 않게 된다. 언어는 도구가 아니라 우리가 존재하는 개방성, 우리의 '얼굴'이다.

얼굴은 가장 인간적인 장소다. 인간은 단순히 짐승의 주둥이나 사물의 앞면이 아닌 얼굴을 갖는다. 얼굴은 가장 개방성이 있는 장소다. 얼굴을 통해 자신을 드러내고 의사소통을 나눈다. 이것이 얼굴이 정치적 장소인 이유다. 지금의 비정치적 시대는 진짜 얼굴을 보고 싶어하지 않고 멀리 떨어져 가면으로 얼굴을 가린다. 더는 얼굴이 없어야 하고, 숫자와 수치만 있어야 한다. 독재자도 얼굴이 없다.

생(生)이란 자신의 감정에 영향을 받는 것이다. 또 감정에게 받은 영향을 예측하거나 피할 수 없어 몸짓에게 섬세하게 전달한다. 살아 있다는 느낌은 새장에 갇혀 있어도 삶을 가능하게 한다. 그리고 이 삶의 가능성만큼 실재적인 것은 없다.

앞으로는 몇 해가 흘러도 종교인과 도둑들만 있을 것이다. 우리는 눈앞에서 무너진 세상의 잔해에서 자기 자신은 벗어날 수 있다고 믿기 위해 한 발짝 떨어져 보려 하겠지만, 이는 소용 없는 짓이다. 세상의 붕괴는 모든 것과 연관되어 있고 당연히 우리를 파괴할 것이다. 우리도 그 잔해 중 하나일 뿐이다. 그리고 우리는 눈에 띄지 않고 정당한 방법으로 이 잔해를 활용하는 법을 조심스레 배워야 할 것이다.

노화는 '뿌리만 자라며, 더 이상 가지가 성장하지 않음'을 의미한다. 뿌리는 제쳐 놓고 꽃이나 잎을 피우지 않는다는 의미다. 혹은 살아온 날들 위로 떠다니는 술에 취한 나비와 같은 것이다. 과거에 있던 꽃과 가지가 아직은 남아 있다. 그리고 당신은 여전히 그것으로 꿀을 만들 수 있다.

얼굴은 신과 함께하지만 그 뼈는 무신론자다. 밖에서는 모든 것이 우리를 신을 향하도록 밀어붙이지만, 백골은 고집스럽게 빈정댄다.

육신과 영혼은 불가분하게 연결되어 있다. 이 부분은 정신의 영역이다. 정신은 육신과 영혼 사이 제3의 무언가가 아니라, 몸과 영혼의 무방비함이자, 경이로운 일치다. 생물학적 생명은 추상적이고, 우리가 지배하고 치료한다고 주장하는 생명이라 함은 바로 이 추상적인 것이라 말할 수 있다.

혼자서는 구원이 존재할 수 없다. 타인과 함께하기에 구원이 있다. 그렇기에 구원은 도덕적인 사유가 아니다. 타인에게 선을 기대하고 행동해야 하기에, 그저 내가 혼자가 아니므로 구원이 존재하는 것이다. 나는 다른 이와 마찬가지로 여러 사람들 가운데 하나로서 나 자신을 구원할 수 있다. 나 홀로는 진정으로 구원받을 수 없다. 이는 고독하고 특별한 진리다. 구원은 혼자가 아니라 다수에 속하기 때문에 열리는 차원이다. 성육신한 하느님은 '유일함'을 넘어 많은 존재 가운데 한 사람이 되었다. 이런 이유로 기독교는 역사에 얽매여 마지막까지 운명론적 세계관을 따라야만 했다.

그리고 오늘날 벌어지는 일들처럼 역사가 쇠퇴하자 기독교 역시 끝에 다다르고 있다. 기독교의 돌이킬 수 없는 모순된 추구는 역사 속에서, 역사를 통해서, 역사를 초월해 구원을 찾았다는 것이다. 그리고 역사가 끝을 맞게 되면 기독교와 대지는 발아래로 사라질 것이다. 교회는 실제로 구원이 아니라, 구원의 역사와 연대하였고, 역사를 통해 구원(Salvezza)을 추구했기 때문에 보건(Salute)으로 끝날 수밖에 없었다. 그리고 때가 되자 보건을 위해 구원을 희생하는 것을 주저하지 않았다. 구원은 이러한 역사적 맥락에서 배제되어야 하고, 역사의 흐름에서 벗어나 '복수성'의 관점에서 추구해야 할 필요가 있다.

인간은 특정한 상황이나 장소의 굴레에서 벗어나 타인의 영역에 들어가지 않고 정체성과 이름을 남겨야 한다. 눈앞의 현재만을 향한다면 우리는 퇴보할 것이고, 반면 과거를 바라보면 올바르게 전진할 수 있을 것이다. 우리가 과거라고 부르는 것은 현재를 향해 지나온 기나긴 여정일 뿐이다. 이 때문에 권력은 과거로부터 우리를 분리하는 것을 가장 먼저 고려한다.

우리를 짓누르는 무게로부터 호흡은 우리를 자유롭게 해 준다. 숨을 들이쉴 때 무게는 느껴지지 않고 마치 중력을 초월해 날아가는 것처럼 밀려난다.

가치 판단을 위해 우리는 처음부터 하나하나 배워야 하지만 처벌이나 보상, 용서나 정죄는 없어야 한다. 모든 목적에서 존재를 제거하는 목적 없는 행위는 당연히 부당하고 거짓투성이다. 시간과 영원 사이의 불안정한 평형 상태의 어느 한 순간, 끝도 계획도 이름도 기억도 없는 삶의 이미지가 강렬히 스친다. 이런 이유로 영원함 그 자체가 아닌 '영원함의 한 종류'를 구원한다. 정해진 기준이 없는 판단이지만 바로 그러한 이유로 정치적이라고 볼 수 있다. 삶을 순리에 맞춰 되돌리기에.

느끼고 느끼도록 하는 것, 그리고 감각, 자기애는 동시발생적이다. 모든 감각에는 느끼고 느끼도록 하는 장치가 있다. 인간은 자신의 모든 감각에서 타인과 우정 그리고 얼굴을 느낀다. 현실은 우리가 할 수 있는 것과 할 수 없는 것을 인식하게 하는 장막이나 마찬가지다. 어린 시절에 바라던 것 중 어떤 것을 이뤘는지 알아채는 것은 쉽지 않다. 무엇보다도 지금 만족할 수 없는 수준이겠지만, 어쨌든 성취한 것들이 우리에게 삶의 원동력이 될 수 있을 만큼 충분한지 알기 어렵다. 만족을 모르는 욕망의 일부가 측정하기 힘들 정도로 커졌기 때문에 사람들은 죽음을 두려워한다.

"소와 말이 네 개의 발을 가진 것을 천성이라 한다. 말발굽에 낙인을 찍고 소의 콧구멍을 뚫는 것을 인위적이라고 한다. 인위적인 것이나 인간의 의도로, 타고난 천성을 없애선 안 된다."[5]

불타는 집에 언어가 남아 있다. 이때의 언어는 언어 그 자체가 아니라 철학과 시다. 잊혀진 태고적 선사 시대의 언어, 그리고 미약하게 남아 있는 그 힘을 지키고 기억하고 있는 철학과 시. 철학과 시는 무엇을 간직하고 언어의 어떤 부분을 기억하는가? 이건 중요한 명제도, 믿음이나 불신의 문제도 아니다. 무엇보다 언어가 그곳에 남겨져 있다는 게 중요하다. 이름 안에서 우리는 이름 없이

---

5 『장자 외편』 중 17편 '추수편' 제 2-3장을 인용하고 있다.

개방되어 열려 있고, 이 열림과 몸짓, 얼굴에 어떠한 것도 알아채지 못한 채 노출된다.

시 그리고 낱말은 아직 우리가 말하는 방법을 몰랐을 때부터 남겨진 유일한 것이자 언어 속 심연의 노래이며 방언이다. 완전히 이해할 수 없지만, 우리에게 들릴 수밖에 없는 언어다. 비록 집이 불타올라도, 사람들이 불에 타 버린 언어로 계속 속삭이더라도.

시적인 언어가 있는 것처럼 철학적인 언어도 있을까. 시와 마찬가지로 철학적 언어는 전적으로 언어 내에 있는데, 존재 방식만큼은 시와 구분된다. 언어적으로 나타난 철학과 시의 긴장감은, 어느 한 지점에서 만난 후 끊임없이 분리된다. 그리고 적절하고 명쾌한 단어를 말하는 사람이 바로 이 긴장감 속에서 할 말을 떠올리는 사람이다.

집이 불타고 있다는 사실을 깨달은 사람은 이를 눈치채지 못한 이웃들을 멸시의 눈빛으로 그저 바라만 보고 싶은 마음이 생길 수 있다. 그러나 이 이웃들 역시 최후의 날이 다가올 때 당신이 설명해 줘야 하는 존재들이 아닌가? 집이 불타고 있다는 것을 알고 있다고 하여 우리가 이웃보다 우위에 있는 것은 아니다. 오히려 불꽃이 가까워질수록 그들과 함께 마지막 순간을 맞이해야 할 것이다.

아무것도 모르고 순진한 이 사람들에게 당신의 양심을 정당화하기 위해 무엇을 말할 수 있을까?

불타는 집에서 당신은 이전에 하던 일을 계속한다. 그러나 당장 화염이 벌거벗긴 현장을 지켜볼 수밖에 없다. 무언가 바뀌었다. 당신이 하는 일이 아니라, 세상에 내보내는 방식이. 불타는 집에서 쓰인 시는 그 어떤 말보다 정당하고 진실하다. 아무도 그 시를 들을 수 없고, 불길을 피하는 방법을 보장하는 것은 어떤 것도 없다. 그러나 우연히 귀 기울이는 이를 발견한다면, 이 무기력하고 설명할 수 없는 침울한 상황에서 그를 부르지 않을 수 없으리라.

들을 기회가 없는 사람만이 진실을 말할 수 있고, 주변에서 불길이 계속해서 삼키고 있는 집에서 말하는 사람만이 진실을 말할 수 있다.

오늘날 인간은 해변에서 지워진 모래의 얼굴처럼 사라져 간다.[7] 그러나 그 자리를 차지하는 세상은 더는 존재하지 않으며, 권력과 과학의 숫자의 자비에 따라 침묵하는, 역사가 없는 벌거벗은 삶뿐이다. 그러나 아마도 이 파괴 후에 천천히 혹은 갑작스럽게 무언가가 도래할 수도 있다. 물론 신이나 다른 사람이 아니라, 새로운 종류의 동물 혹은 다른 어떤 살아있는 영혼일 것이다….

2020년 10월 5일

---

7 미셸 푸코(Michel Foucault, 1926-1984)의 『말과 사물(Les Mots et les choses)』에 나온 문장을 재해석해 사용하고 있다.

XVII

Un paese senza volto

얼굴 없는 나라

"얼굴이라고 하는 것은 어떤 동물에도 존재할 수 없다. 성격을 표현하는 인간이 아니라면."

-키케로[1]

모든 살아 있는 생명체는 열린 존재로서 자신의 모습을 보여 주고 다른 이와 의사소통한다. 그러나 오직 인간만이 얼굴을 가지고 있다. 오직 인간만이 자신의 표정으로 다른 사람과 의사소통을 하여 자신의 근본적인 경험을 만들며, 오직 인간만이 얼굴로 진실을 드러낸다. 얼굴로 나타내고, 드러내는 것들은 말로 표현하거나 하나의 명제로 공식화할 수 있는 것이 아니다. 인간은 자신의 얼굴에 무의식적으로 자신의 행동을 옮기고 말보다는 얼굴로 자신을 표현하고 드러낸다. 얼굴이 표현하는 바는 누군가의 고유한 마음의 상태일 뿐만 아니라 인간 존재의 '개방성'과 의도적 노출 그리고 다른 이와의 소통이다.

이것이 얼굴이 정치의 장소인 이유다. 동물에게 정치가 없는 이

[1] 키케로(Marcus Tullius Cicero, B.C 106-B.C 43)는 로마 제국 공화정 말기, 공화정을 대표하는 인물로, 원로원 의원을 역임하였고 집정관에도 선출된 적이 있다.

유는 항상 야생에서 열려 있어 노출이 문제되지 않아서다. 짐승들이 거울, 그리고 이미지로 보이는 자신의 모습에 관심이 없는 이유도 이와 같다. 반면, 인간은 누군가로부터 인정받고 인정하기를 바라고 원하는 이미지를 적절하게 사용하여 자신의 진실을 추구한다. 이런 방식으로 인간은 개방을 어떤 세계로, 끊임없는 정치적 변증법의 장소로 변형시킨다.

만약 인간이 기본적인 의사소통만 해야 한다면 제대로 된 정치는 존재하지 않을 것이고 오직 메시지만 오갈 것이다. 무엇보다 인간은 소통할 수 있는 개방성, 즉 순수한 소통 능력을 가지고 있기에 얼굴은 그 자체로 인간이 말하고 교환하는 모든 것에 기반이 되는 정치 그 자체의 조건이다. 그런 의미에서 얼굴은 진정한 인간성의 공간이자 탁월한 정치적 장치다. 얼굴을, 서로를 마주보는 것은 서로를 인지하고, 서로를 향해 열정을 쏟으며, 유사성과 다양성, 거리와 근접성을 인식하는 것이다.

얼굴에 대한 권리를 단념하고, 마스크로 덮고, 시민의 얼굴을 가리기로 결정한 국가는 정치를 스스로 없애 버린 셈이다. 매 순간 무한한 통제가 이뤄지는 공허한 이곳에서 개인은 타인들과 단절된 채 활동한다. 공동체의 즉각적이고 세밀한 지침을 따라 직접적인 메시지만 교환할 수 있다. 더 이상 얼굴 없는 이름으로.

2020년 10월 8일

XVIII

Si è abolito l'amore

사랑이 폐지되었다

사랑이 폐지되었다,
보건의 명분으로.
그리고 보건이 폐지될 것이다.

자유가 폐지되었다,
의학의 명분으로.
그리고 의학이 폐지될 것이다.

신이 폐지되었다,
이성의 명분으로.
그리고 이성도 폐지될 것이다.

인류가 폐지되었다,
생명의 명분으로.
그리고 생명이 폐지될 것이다.

진실이 폐지되었다,
정보의 명분으로.
그러나 정보는 폐지되지 않을 것이다.

헌법이 폐지되었다,
긴급 상황의 명분으로.
그러나 긴급 상황은 폐지되지 않을 것이다.

2020년 11월 6일

XIX

Sul tempo che viene

도래할 시간에 관하여

오늘날 지구상에서 일어나고 있는 일은 분명히 세상의 종말이다. 그러나 인간 공동체의 요구에 가장 부합하는 세계로 전환한다는 의미에서 자신의 이익에 따라 세상을 지배하려는 사람들에게는 그렇지 않다. 부르주아 민주주의의 시대는 그때 만들어진 권리, 헌법, 의회와 함께 막을 내렸다. 그러나 그다지 중요하지 않은 법률적 논의를 떠나, 세상의 종말은 산업 혁명에서 시작되어, 두 번 혹은 세 번의 세계대전과 폭력적 혹은 민주적이라고 볼 수 있는 전체주의를 겪으며 진행되었다.

세상을 지배하는 세력은 바이오보안이나 보건 테러와 같은 극단적인 조치와 장치에 의존할 필요가 있다고 생각하면 어디서든 주저 없이 선동해 왔다. 그러나 지금은 손을 떼겠다고 위협하고 있다. 이는 생존을 위해서는 다른 선택의 여지가 없다고 말하는 모든 증거를 이들이 두려워하기 때문이다. 사람들이 어떠한 보장도 없는 전례 없는 제재와 제약을 받아들인 이유는 팬데믹에 대한 두려움 때문만은 아니다. 아마도 지금까지 익숙했던 세상이 계속될 수 없다는 것을 무의식적으로 인지하고 있었기 때문일 것이다. 지금까지의 세상은 너무 불공평하고 비인간적이었다. 정부가 훨씬 더 비인간적이고 부당한 세상을 준비하고 있다는 것은 말할 필요도 없다. 우리는 이제서야 논의하기 시작했지만 모든 측면에서 예전 같은 삶이 이어질 수 없다는 사실은 어떻게든 예고돼 있었다. 모든 불확실한 예감이 그렇듯 여기에도 종교적 요소가 분명히 있다. 보건이 구원을, 생물학적 생명이 영생을 대체하였으며 오랫동안 세상의 요구에 타협하는 데 익숙해진 교회는 이러한 변화에 대체로 동의하였다.

우리는 끝나가는 이 세상에 미련이 없고 역사의 해안가에서 냉혹한 시간의 파도처럼 지워지고 있는 신과 인간에 대한 향수가 없다. 그러나 그만큼의 확고함으로 우리는 정부가 우리에게 요구하는 얼굴 없이 벌거벗고 침묵하는 삶과 종교가 되어 버린 보건을 거부한다. 우리는 새로운 신이나 구원자를 기다리지 않는다. 오히려 우리를 둘러싸고 있는 폐허 속에서 신기루가 아닌 소박하고 단순한 형태의 삶을 바로 지금, 여기서 찾고 있다. 비록 안팎에서 불온한 기운이 매번 망각으로 소박한 삶을 배척하더라도 그 소박함에 대한 기억과 경험은 생생하기 때문이다.

2020년 11월 23일

XX

Capitalismo comunista

공산주의자의 자본주의

전 세계를 잠식해 가고 있는 지금의 자본주의는 서구가 만든 자본주의와 그 형태가 다르다. 지금의 자본주의는 극도로 빠른 생산성과 전체주의적 정치 체계를 결합한 공산주의 형태를 띄는 자본주의다. 이것은 엄밀히 따져 보면 중국이 경제뿐만 아니라 국제 질서의 패러다임과 팬데믹의 정치적 사용에서도 주도적 역할을 맡고 있다는 역사적인 의미를 가진다. 자칭 공산주의라고 하는 국가들이 자본주의의 형태로, 특히 경제 후진국에 적합한 국가 자본주의를 적용했다는 것은 역사의 맥락을 읽는 사람들에게 너무도 잘 알려져 있다. 그러나 이런 변형된 자본주의는 이미 그 역할을 다 하고 쓸모없다고 여겼는데, 오히려 디지털 기술이 비약적으로 발전한 현재의 글로벌 자본주의의 단계에서는 지배적인 사상이 될 운명이었다는 것은 전혀 예상하지 못했다.

오늘날 우리는 법치 국가와 부르주아 민주주의가 공존했던 서구 자본주의와 새로운 공산주의적 자본주의 간의 갈등을 바라보고 있는지도 모르겠다. 확실한 점은, 새로운 레짐은 인간관계를 극도로 약화시킬 것이며, 전례 없는 사회적 통제를 활용하는 가장 잔혹한 국가주의적 공산주의와 가장 비인간적인 자본주의가 합쳐지리라는 것이다.

2020년 12월 15일

XXI

Gaia e Ctonia I

가이아와 크토니아 I

고대 그리스어로 대지는 '게' 혹은 '가이아'[1]와 '크톤'[2]이라는 두 개의 이름으로 불렸다. 이는 서로 다른 두 가지 차원을 의미했다. 오늘날 알려진 것과는 달리 인간은 가이아에만 살고 있는 것이 아니라 크톤과도 연관되어 있다. 크톤은 신화의 몇몇 이야기에서 여신의 형태로 나타나는데 그 이름은 '크토니에' 또는 '크토니아'[3]다. 이에 관하여 시로스의 페레키데스[4]는 태초에 세 명의 신으로 제우스, 크로노스[5], 크토니에를 언급한다. 그리고 "크토니에는 제우스로부터 대지를 선물로 받은 후, 게라는 이름을 받았다."고 덧붙였다. 비록 이 여신의 정체성이 명확하지 않더라도, 게는 크토니에에 비하면 부가적인 인물이라 볼 수 있다. 또 중요한 것은 호메로스는 인간을 형용사 에피크토니오이(Epichtonioi)로 정의하는 반면 형용사 에피가이오스(Epigaios) 혹은 에피게이오스(Epigeios)는 단지 식물과 동물만을 의미한다고 보았다.

사실 크톤과 게는 지질학적으로 반대되는 지구의 두 면을 부르는 명칭이다. 크톤은 지하 세계의 바깥면, 즉, 지표면에서 아래로

---

1 게(Ge) 혹은 가이아(Gaia)는 그리스 신화에 나오는 땅의 여신이다. 만물의 어머니이자 대지의 여신이다.

2 크톤(Cthon)은 고대 그리스 종교에서 지하의 신, 정령을 나타낸다. 가이아가 지표면, 대지를 가리킨다면 크톤은 지하, 땅 밑을 의미한다.

3 크토니에(Chthonie)와 크토니아(Ctonia)를 아감벤은 같은 표현이라고 칭했다. 크토니아는 그리스 신화에 나오는 아테네 왕 에레크테우스의 딸로 익히 알려져 있지만, 본고에서는 그보다는 지하 세계, 땅 밑의 영역 등을 나타내는 의미로 쓰였다.

4 페레키데스(Pherecydes, B.C 600-B.C 550)는 시로스섬 출신의 고대 그리스 시인이다.

5 크로노스(Cronos)는 그리스 신화에 등장하는 시간의 신이다.

가이아가 새겨진 벽화는 고대 그리스
문명의 유적 곳곳에서 발견된다.
가이아는 그리스 신화에 나오는
대지의 의인화된 여신으로 볼 수 있다.
한편으로 만물의 어머니이자 창조의
어머니 신이다.

향하는 땅을 의미하고, 게는 지표면에서 위로 향하는 땅으로 지구가 하늘로 향하는 면을 의미한다. 크톤과 게를 구별하는 기능과 사례는 다음과 같은 지질학적인 접근에서 확인할 수 있다. 크톤은 영양을 공급하지 않아 농사를 지을 수 없고, 도시와 시골이라는 이분법적 개념에서 벗어나는 것이며, 소유할 수 있는 재화도 아니다. 반면, 게는 『호메로스 찬가』에서 "크톤 위에서 모든 것을 풍요롭게 한다."라고 강조한 것처럼 작물과 재화를 생산하여 은혜롭고 자비롭게 인간을 풍요하게 만든다.

"생명을 주는 경작지의 고랑에 열매가 가득하게 하고, 밭에서 가축은 번성하고 집은 부로 가득 차도록 하며, 아름다운 여인이 사는 도시는 정당한 법으로 다스려진다." -『호메로스 찬가』 중에

페레키데스의 이론은 게와 크톤 그리고 가이아와 크토니아 간의 관계에 관한 최초의 증거다. 알렉산드리아의 클레멘스[6]가 우리에게 남긴 것을 살펴보면, 제우스는 크토니에와 결혼하였다고 명시해 둘의 결합의 본질을 정의하였다. 아나칼립테리아[7]의 결혼 예식에 따르면 신부는 베일을 벗고 알몸을 보이고, 제우스는 '크고 아름다운 망토'로 신부를 덮고 다양한 색깔로 게와 바다(Ogeno)를

6 알렉산드리아의 클레멘스(Clemente Alessandrino, 150-215)는 알렉산드리아 학파의 신학자다.

7 고대 그리스 시대에 신랑이 신부의 베일을 벗기는 의식을 일컫는 말이다.

수놓았다. 지하의 대지인 크톤은 알몸의 상태로 자신을 보여줄 수 없는 심오한 무언가이며, 신이 덮는 의복은 다름 아닌 하늘 위를 향하는 대지인 가이아다. 포르피리오스의 『님프의 동굴에 대하여』[8]의 한 구절에 따르면 페레키데스는 크토니아의 차원을 깊이로 설명하였다. 움푹 들어간 곳(Mychous), 도랑(Bothrous), 동굴(Antra)에 대해 말하면서 영혼이 태어나고 죽을 때 통과하는 문(Thyras, Pylas)으로 개념화하였다고 한다. 대지는 두 개의 차원으로 구분되며, 크토니아는 언덕과 꽃이 만발한 마을, 그리고 목가적인 풍경으로 뒤덮여 있는 가이아의 아래에 형태 없이 숨겨진 장소다.

헤시오도스[9]의 『신들의 계보』에서도 대지는 두 면모를 가지고 있다고 쓰여 있다. 만물의 확고한 기반인 가이아는 카오스의 첫 번째 창조물로 등장했지만 페레키데스의 설명과 마찬가지로 크톤적 요소가 발생했다고 봤으며 미코스(Mychos)라는 용어로 정의했다. 넓은 길(Mychoi Chthonos Eyryodeies)을 가진 대지 깊은 곳에 있는 어두운 타르타로스[10]로 말이다.

대지의 두 측면에 관한 지질학적 구분이 명확하게 드러난 곳은 호메로스의 『데메테르 찬가』[11]다. 호메로스는 페르세포네[12]가 꽃을 따다가 납치당하는 장면을 묘사할 때, 가이아를 두 번 언급한다. 두 번 모두 하늘을 향해 피어난 대지의 표면을 의미한다.

---

8 포르피리오스(Porphyrios, 233-305)는 티로스 섬 출신의 신플라톤주의 철학자로 그가 남긴 글인 『님프의 동굴에 대하여(De Antro Nympharum)』에는 로마 제국 시대의 신비 종교였던 미트라의 가르침과 그 기원에 대한 내용이 들어 있다.

9 헤시오도스(Hesiodos, 생몰년 미상)는 기원전 7세기경에 활동한 그리스 시인이다. 우주의 탄생과 신들의 기원 및 계통에 관한 서사시 『신들의 계보(Theogony)』를 남겼다.

10 타르타로스는 그리스 로마 신화에 나오는 지하 세계의 심연 혹은 지하 세계의 신을 말한다.

11 데메테르와 페르세포네의 전설에 덧붙여 엘레우시스 제례의 기연을 노래한 시다.

12 페르세포네는 그리스 신화에 나오는 저승의 신 하데스의 아내로 풍요를 상징한다.

"부드러운 초원에 핀 장미, 크로코스[13], 아름다운 제비꽃 그리고 가이아가 신의 뜻에 따라 자라도록 허용한 아이리스, 히아신스와 수선화, 꽃향기에 온 하늘과 대지가 웃었다. 바로 그 순간 크톤은 니시오 평원의 광활한 길을 활짝 열고(Chane) 많은 손님의 주인들이 불사의 말들과 나왔다(Orousen)." - 『데메테르 찬가』 중에

밑바닥에서부터 움직인다라는 의미는 '솟아오르다, 일어나다'라는 뜻의 동사 오르니미(Ornymi)로 강조된다. 마치 깊은 대지인 크토니아부터 하늘을 바라보는 대지의 얼굴인 가이아에 신이 나타난 것처럼.

"이후 데메테르에게 페르세포네가 스스로 납치 사실을 말하자, 움직임이 바뀌고 반대로 가이아가 열려(Gaia d'enerthe Koresen), '많은 손님의 주인들'이 자신의 황금 마차로 페르세포네를 지하로 끌고 갈 수 있었다." - 같은 시구 중에

묘사에 따르면 마치 지구에 두 개의 문이나 구멍이 있는 것 같다. 하나는 깊은 곳에서 '제아'[14]를 향해 열려 있고, 다른 하나는 제아에서 크토니아의 심연으로 이어진다. 위에서 이야기한 '문'은 실

---

13 크로코스(Crocus)는 그리스 신화에서 사프란 꽃으로 변신했다고 전해지는 인물이다.

14 제아(Gea)는 가이아의 다른 표현이다.

제로는 두 개가 아니라 전적으로 크톤에 속해 있는 하나의 문이다. 『호메로스 찬가』에서 가이아를 설명하는 동사는 카이노(Chaino)가 아니라 코레오(Choreo)로, 이는 단순하게 '공간을 만들다'를 의미한다. 가이아는 열리지 않지만 페르세포네가 이동할 수 있게끔 공간을 만든다. 위아래를 연결하는 통로에 대한 깊이와 이에 관한 개념은 크토니아에 매우 가깝다고 볼 수 있다. 시빌레[15]가 아이네이아스[16]를 떠올리듯, 디스파테르[17]의 문은 가장 먼저 지하 세계를 향하고 있었다.

크톤에 해당하는 라틴어는 수평 확장을 의미하는 텔루스(Tellus)가 아니라, 아래쪽 방향을 내포하는 '묻다, 매장하다'라는 의미의 후무스(Humus)로, 인간의 명칭을 여기서 따온 그만의 이유가 있다. 인간은 지상적 존재이지만, 고대 세계관에 따르면 하늘을 바라보는 대지의 표면인 가이아와의 연결을 의미하는 것이 아닌, 깊은 크토니아 영역과의 밀접한 연결을 의미한다.

크톤이 통로와 출입구를 의미하는 개념이라는 것은 호메로스와 헤시오도스가 반복해서 사용하는 용어가 형용사라는 점을 보면 분명히 드러난다. 오도스(Odos)가 모든 사람이 해야 할 여행인 '죽은 자들의 세계를 목적지로 한 환승'을 의미한다는 것을 떠올려본다면 에이리오데이아(Eyryodeia)는 '광활한 길'로 번역할 수 있

15 시빌레는 그리스 신화에 나오는 무녀로. 아폴론에게 예언력을 받았다고 전해진다.

16 아이네이아스는 그리스 로마 신화에 나오는 영웅으로 로마 제국의 시조다.

17 디스파테르는 로마 신화에 나오는 지하 세계의 신이다.

다. 『아이네이스』를 쓰면서 베르길리우스[18]가 호메로스의 기술 방식을 따랐을 가능성도 있다.

로마 시대의 전설을 이야기해 보자. 구전에 따르면 도시 건립 당시 발굴한 문두스(Mundus)라는 원형 구멍이 산 자들과 죽은 자들의 크톤적인 세계를 연결했다고 한다. 마날리스 라피스(Manalis Lapis)라고 불리는 돌로 닫혀 있는 이 구멍은 1년에 세 번 열렸고, 이 시기를 문두스 파테트(Mundus Patet)라고 하였는데, 이때 세계가 열렸다.

"망령에 사로잡힌 종교에 의해 숨겨지고 감춰진 것들이 빛을 받아 드러났고, 거의 모든 공공 활동이 중단되었다." -로마의 전설 중에

하나의 예로, 방드리[19]는 '세계(Mondo)'라는 용어의 원래 의미가 항상 논의된 것처럼 그리스어 코스모스(Kosmos)의 번역이 아니라, 죽은 자의 '세계'를 여는 원형의 문에서 파생되었다고 설명했다. 즉, 고대의 도시는 '세계' 위에 세워진 것이다. 하늘과 지하의 대지를 하나로 묶는 구덩이에 사람이 살았으며, 그들은 산 자의 세계와 죽은 자의 세계, 현재와 과거의 관계를 통해 방향성을 정하

18 로마 제국의 시인인 베르길리우스(Vergilius Maro, B.C 70-B.C 19)는 로마의 건국과 사명을 노래한 민족 서사시 『아이네이스(Aeneis)』를 썼다.

19 조제프 방드리(Joseph Vendryes, 1875-1960)는 프랑스의 언어학자다.

고 미래에 대한 영감을 찾았다.

인간(Uomo)은 그 명칭뿐만 아니라 인간 세계, 존재의 지평 역시도 크토니아 영역과 밀접하게 연관되어 있다. 인간은 단어 그대로 깊은 곳의 존재다.

XXII

Gaia e Ctonia II

가이아와 크토니아 Ⅱ

위대한 크토니아 문화는 에트루리아 문명[1]을 통해 살펴볼 수 있다. 토스카나의 시골에 흩어져 있는 묘지를 따라 걷다 보면, 에트루리아인들이 가이아가 아닌 크토니아에 살았다는 것을 그 즉시 인지할 수 있다. 에트루리아인들은 근원적으로 자신들이 망자들과 얼마나 관련이 있었는지 우리에게 알려 준다. 도시라고 부를 수 있는 거주 구역을 만들기 위해 에트루리아인들이 선택한 정주지에서도 그러한 점이 특히 잘 나타난다. 마치 가이아의 표면에 있는 것처럼 보이지만 실제로는 크톤의 수직으로 깊은 형태의 거주지를 만들어, 에피크토니오이들이 사는 장소로 만들었다. 이런 이유로 이들은 거대한 암반에 동굴과 오목한 공간을 새겨 만들어 이들의 취향을 표현했고, 높은 협곡과 강이나 개울 쪽으로 떨어지는 응회암의 가파른 절벽을 선호했다. 블레라 근처의 카바 부이아 앞이나 산 줄리아노 밀라네제[2]의 바위에 묻힌 길을 걷다 보면 우리는 더 이상 가이아의 표면에 있지 않고 지하로 통하는 문(Portam Inferi)으로 곧바로 연결되는 크토니아의 경사면을 관통하는 통로 가운데 하

1 　에트루리아는 로마 제국보다 앞선 시기에 이탈리아 토스카나 지방을 중심으로 에트루리아인들이 건설했던 문명이다. 로마 문화를 형성하는 데 많은 부분을 기여했다.

2 　카바 부이아는 이탈리아 중북부에 있는 노르키아 지역이다. 산 줄리아노 밀라네제는 롬바르디아주에 있는 지역 이름이다. 아감벤은 에트루리아의 흔적이 남은 곳으로 이 지역들을 언급했다.

나에 서 있다는 것을 알게 된다.

이탈리아의 다른 지역과 비교할 때 에트루리아 문명권만의 지하 세계관을 살펴보자면, 우리 눈앞에 펼쳐지는 실재적인 풍경이 아니라고 표현할 수도 있다. 지평선을 가르는 시선이 고요하게 우리를 포용하는, 기분 좋은 익숙한 풍경은 가이아에 속한 것이다. 크토니아의 수직성은 모든 익숙한 풍경과 지평선이 사라지고 자연이 한 번도 보여 준 적 없는 야만스러운 얼굴이다. 그리고 이 수직적인 흐름과 심연의 틈에서 우리는 크톤이 선사하는 광경으로 무엇을 해야 할지 모른다. 야생의 광야는 어떠한 풍경보다 자비도 융통성도 없다. 지하의 신인 '디스파테르'로 가까워지는 입구 언저리에서 신은 너무나 흉폭해졌고, 더 이상 종교를 필요로 하지 않을 만큼 인간에게 단호해졌다.

에트루리아인들은 부지런히 죽은 자의 집을 짓고 지켜보는 방식으로 언제나처럼 크토니아에 헌신하였다. 에트루리아인들이 삶보다 죽음을 더 사랑한 것은 아니지만, 크토니아의 깊음과 자신들의 삶을 분리하지는 않았다. 이들은 가이아의 계곡에 살며 절벽과 구릉에 수직 형태에 가까운 거주지를 짓고, 이따금 농경지를 경작하며 살아갔다. 그리하여 현재 우리는 바위나 고분 속에 움푹 파인 무덤에서 그들의 시신만을 발굴하는 것이 아니다. 우리는 빈 석관

에트루리아 문명은 가이아와 크톤을 잇는
수직적인 형태의 절벽에 거주지를 만들었다.
이탈리아 중북부 곳곳에는 에트루리아인들이
남긴 거석 유적이 산재해 있다.

에 누워 있는 망자를 마주할 뿐만 아니라 그들이 만들어 놓은, 그 당시 사람들의 욕망과 몸짓, 움직임까지 함께 인식한다. 삶에 더욱 애착을 가질수록 크토니아에 대한 기억은 더욱 진심으로 다가온다. 죽은 자의 영역을 배제하지 않고 문명을 건설할 수 있으며, 현재와 과거 그리고 산 자와 죽은 자 사이에 강렬한 연결 고리, 끊임없는 연속성이 있다고 에트루리아인들은 유산을 통해 우리에게 알려 준다.

XXIII

Gaia e Ctonia III

가이아와 크토니아 Ⅲ

나사의 우주 탐사 프로그램에 적극적으로 참여한 영국의 화학자 러브록[1]은 1979년에 『가이아: 지구 생명체에 대한 새로운 시각』이 라는 책을 출간했다. 핵심 내용은 가이아 이론에 대한 것이다. 이 미 러브록은 린 마굴리스[2]와 함께 5년 전에 저널 『텔루스』를 통해 다음과 같이 언급한 바 있다.

"생물권(biosfera)[3]을 구성하는 일련의 살아 있는 유기체는 화학 적 구성, 지표면 pH, 어쩌면 기후까지 조절 가능한 단일 독립체 역 할을 할 수 있다. 우리는 지구의 항상성을 유지할 수 있는 능력, 그 리고 능동적인 통제 및 적응 시스템으로서 생물권을 개념화하는 것을 가이아 가설이라고 부른다." - 『텔루스』에 기고한 글 중에

소설 『파리 대왕』에서 인류의 비뚤어진 소명을 능숙하게 묘사 한 작가 윌리엄 골딩[4]이 러브록에게 제안한 '가이아'라는 용어의 선택은 확실히 우연이 아니었다. 글에서 명시한 바와 같이 이 책의

---

1 제임스 러브록(James E. Lovelock, 1919-)은 영국의 과학자로 『가이아: 지구 생명체에 대한 새로운 시각(Gaia: A New Look at Life on Earth)』을 통해 가이아 이론을 세상에 소개한 학자다.

2 린 마굴리스(Lynn Margulis, 1938-2011)는 미국 항공우주국 우주과학국 지구생물학과 화학진화 상임위원회 의장이다.

3 수권부터 대기권까지 생물이 살 수 있는 지구의 모든 영역을 의미한다.

4 윌리엄 골딩(William Golding, 1911-1993)은 『파리 대왕(Lord of the Flies)』으로 1983년 노벨 문학상을 받은 세계적인 영국 작가다.

에트루리아 문명은 선사 시대부터 내려온
가이아와 크톤의 세계관과 그에 기반한
공동체를 일궜다. 지상과 지하, 산 자와 죽은
자의 경계에서 존재하는 생명체로서의 삶을
살았다.

기원전 470년경에 그린 것으로 추정되는 에트루리아인의
무덤 벽화.

두 저자는 이미 지표면 위의 대기에 의존하는 생명체의 한계를 확인했다. 그러나 저자들은 대지와 지표면 사이의 경계면 등 세부적인 부분에만 흥미를 갖고 있었다. 무엇보다 중요한 점은 그들이 가이아의 오염과 황폐가 최고 수준에 도달했다는 것을 적어도 그 당시에는 간과했다는 것이다. 가이아의 거주자들이 크토니아의 깊은 곳에 있는, 먼 과거에 살았던 수백만 생명체의 화석 잔재의 형태인, 우리가 석유라고 부르는 것을 매일같이 폭증하는 수요에 맞춰 에너지로 끌어 쓰기로 결정했을 때 가이아의 황폐화가 최고조에 달할 수밖에 없었다.

모든 증거에 따르면 생물권을 지구 표면과 대기권으로만 한정지어 생각해서는 안 된다. 생물권에 대해서는 크톤의 사후 세계와 가이아, 크토니아 그리고 산 자와 죽은 자를 함께 생각해 봐야 한다.

근대성의 시대에 사람들은 크톤과 인간과의 관계를 잊고 지워버렸다. 근대인들은 더는 크톤에 거주하지 않고 가이아에서만 거주한다. 그러나 근대인들이 삶에서 죽음의 영역을 제거할수록 생(生)의 의미는 희미해져만 간다. 그들이 크토니아의 깊이에 대한 익숙함을 잃을수록, 다른 모든 것들과 마찬가지로 착취의 대상으로 축소할수록 가이아의 아름다운 표면은 점차 중독되고 파괴되었다. 그리고 오늘날 우리 눈앞에 펼쳐진 것은 죽음의 제거로 인한 극단적인 표류다. 추측과 혼란의 위협으로부터 자신의 생명을 구하기 위해 인류는 살아갈 가치가 있는 모든 것을 포기하고 있다. 그리고 결국 죽은 자들이 지하에 머물고 있다는 모든 기억을 잃어버린 더는 깊은 곳이 없는 대지, 가이아는 이제 전적으로 두려움과 죽음의 권력 아래에 있다. 이 두려움으로부터 인간 본연의 두 거주지, 가이아와 크토니아에 대한 기억을 발견하는 사람들만이 치유될 수 있을 것이며 이들과 분리할 수 없는 연결된 삶을 기억해야 할 것이다.

2020년 12월 28일

XXIV

Filosofia del contatto

접촉의 철학

두 존재가 서로를 만지면 '접촉'이 이뤄진다. 그렇다면 만진다는 행위는 무엇을 의미할까. 접촉이란 무엇일까. 조르지오 콜리[1]는 이를 어떠한 존재도 없는 공허한 상태에서 이뤄진 두 점의 연결이라고 간결하게 정의하였다. 접촉은 혼자서 단일하게 존재할 수 없는 접점과는 다르다. 접점은 연속적인 개별 단위를 나눌 수 있기 때문이다. 두 개체가 접촉한다는 것은 둘 사이에 어떠한 매개가 개입할 여지가 없을 때, 그리고 개체 간의 관계가 즉각적일 때를 의미한다. 둘 사이에 표현할 수 있는 관계가 있는 경우 이를 접촉이라고 하지 않는다. 예를 들어 주체와 대상, 주인과 하인, 원거리와 근거리 같은 것은 접촉한다고 말하지 않는다. 두 개체 간의 관계에 대한 표현이 없고 둘 사이에 아무것도 없어야만 접촉이 이뤄진 상태라고 말할 수 있다. 즉 접촉은 표현할 수 없고, 여기서 논의한 관계에 대해 묘사할 수 없다고 말할 수 있겠다. 그러니까 접촉은 콜리의 표현처럼 형이상학적 틈새에서 어떠한 것도 표현하지 않는 것을 뜻한다.

[1]   조르지오 콜리(Giorgio Colli, 1917-1979)는 이탈리아 철학자다. 아감벤은 콜리가 1969년 아델피 출판사(Adelphi Edizioni)에서 출간한 『표현의 철학(Filosofia dell'espressione)』의 한 구절을 인용하였다.

아리스토텔레스를 다룬 이
책은 르네상스의 많은 철학자,
예술가에게 회자되며 많은 영감을
주었다. 출간의 직간접적인
영향으로 그의 사유 체계가
더욱 알려지며 문예사조 발전의
원동력이 되었다.

이 정의의 오류는 '어떠한 것도'와 '표현하지 않는'과 같은 부정적인 표현에 온전히 의존해야 한다는 점이다. 이 때문에 신비주의로 치부돼 사장될 수 있다. 콜리 역시 동일한 지적을 하고 있다. 접촉은 즉각적인 근사치이며, 표현도 완전히 제거될 수 없다고 명시하였다. 논의가 추상적으로 되지 않도록, 다시 처음으로 돌아가서 '만지다'의 의미를 다시 고민해 볼 필요가 있다. 자만하지 말고 현실적인 관점에서 질문해 보자.

아리스토텔레스는 다른 감각과 구별이 되는 접촉의 특이한 성질에 대해 고찰했다. 모든 감각은 결정 기능을 수행하는 매개(Metaxy)가 존재한다. 시각의 경우 매개는 투명하며 눈을 통해 색이 조명되어 작용한다. 청각은 귀를 두드리는 소리의 파동을 만들어 내는 공기가 매개다. 촉감을 다른 감각과 구별하는 이유는 "매개가 우리에게 행동을 취하기 때문이 아니라, 매개를 함께 사랑하므로"[2] 만질 수 있음을 인식하기 때문이다. 그리고 이때의 매개는 외부에 있는 것이 아니라 인간 존재 안의 육신(Sarx)이다. 이것은 단지 외부 물체뿐 아니라 외부 물체로 인해 움직이거나 마음에 영향을 받는 육신도 접촉한다는 것을 의미한다.

다시 말해 접촉할 때 우리는 우리의 감정에도 접촉하고, 우리의 감수성에도 영향을 받는다. 반면 무언가 바라볼 때는 시각을, 무언

---

2   아리스토텔레스(Aristotle,
B.C 384-B.C 322)의 『영혼에
대하여(De Anima)』의 한
구절을 인용하였다.

가 들을 때는 청각을 자각할 수 없다. 그러나 접촉은 만지고 만져지는 우리 자신의 감각을 인지하게 한다. 다른 존재와의 접촉은 동시에 우리 자신과의 접촉이기도 하다. 다른 감각들보다 열등해 보이는 촉감은 어떤 면에서는 가장 우선한다고 볼 수 있다. 시각 등 다른 감각들은 어떤 의미에서 추상성이 전제되는 반면, 촉감은 그 자체가 하나의 주체로 작용하기 때문이다. 무엇보다 우리는 다른 이를 만질 때 동시에 우리의 몸을 만졌던 경험이 있다.

만약 오늘날 시도되고 있는 잘못된 일들처럼, 모든 사람이 모든 존재와 거리를 유지해야 한다면 모든 접촉은 폐지되는 것이다. 인류는 타인과의 경험을 잃게 될 뿐만 아니라 자기 자신을 느끼는 즉각적인 경험들, 그러니까 우리들의 육신을 너무 쉽게 잃어버릴 것이다.

2021년 1월 5일

XXV

Una profezia di Lichtenberg

리히텐베르크[1]의 예언

"요즘 세상은 너무 문명화되어 신을 숭배하는 게 유령의 존재를 믿는 것처럼 우스운 일이 되었다. 시간이 흘러가며 우리는 문명의 정점에 다다를 것이다. 그때가 되면 지식인들의 견해는 다시 변할 것이고 우리가 알고 있던 지식은 엄청난 변화를 맞이할 것이다. 그렇게 된다면 진정한 끝이 올 것이다. 그러면 우리는 유령만을 믿게 될 것이다."

2021년 1월 20일

1   게오르크 크리스토프
리히텐베르크(Georg Christoph
Lichtenberg, 1742-1799)는
독일의 물리학자이자 풍자
작가다.

우리는 어디쯤에 있는가?

몇 개월이면 지나갈 줄 알았던 팬데믹은 현재 진행 중이며, 앞으로 얼마나 지속될지 모른다. 우리가 그 시간을 얼마만큼 견뎌낸 것인지, 지금 잘 버티고 있는 것인지에 대해 이탈리아의 정치철학자 조르조 아감벤은 쿠오드리베트(Quodlibet)의 오픈 링크를 통해 생각을 남겼다. 지금 이 순간에도 아감벤은 인류와 도래할 세상에 관해 글들을 쓰고 있을 것이다.

이 책에는 우선 2020년 2월부터 2021년 1월까지 쓰여진, 팬데믹의 시작과 그 이면에 관한 아감벤의 동시대적인 사유가 담긴 23편의 글을 엮었다. 다만 이탈리아 원문과는 일부 구성이 다르다. '가이아와 크토니아'는 매우 추상적이고 다소 난해한 담론이 길게 이어져 한국 독자들을 위해 주제별로 3편의 글로 나누었다. 또한 이 책의 첫 번째 글 '거대한 전환'은 원래 2020년 7월까지 팬데믹에 관해 쓴 아감벤의 글을 모아 쿠오드리베트에서 출간한 『우리는 어디쯤일까? : 정치로서의 전염병(A che punto siamo? : L'epidemia come politica)』의 서문에 해당하는 글로 아감벤이 직접 보내 주었다. 원래는 서문 형식으로 넣으려고 하였으나, 이 글이 팬데믹에 대한 아감벤 사유의 시작이 되는 글이면서도 하나의 담론을 담고 있다고 판단하여 본문의 한 꼭지로 실었다. 2020년 10월 30일에 작성된 '몇 개의 데이터(Alcuni dati)'라는 글도 빠졌다. 이탈리아의 바이러스 감염자와 희생자에 대한 데이터를 분석했는데 우리의 상황과 너무 커다란 수치적 차이를 보여 독자들에게 아감벤의 의도가 잘못 전달될 우려가 있다고 판단하였다.

책 속에 담긴 아감벤의 몇몇 글들은 공개와 동시에 논쟁을 불러일으켰다. 특히나 2020년 2월 26일 『일 마니페스토(Il Manifesto)』에 기고한 '전염병의 발명'이라는 글이 그렇다. 아감벤은 여기에서 "이탈리아에는 코로나-19 전염병이 없다."라는 이탈리아 국가연구센터의 선언을 인용하며 정부가 지나친 대응을 하고 있으며 전염병으로 인한 봉쇄령과 이동제한령은 새로운 패러다임의 '예외상태'가 가동되는 것이라고 단언하였다. 더 이상 이념이나 전쟁이 아닌 '바이오보안'이라는 명목으로 예외상태가 손쉽게 작동할 것이며 사람들은 건강에 대한 두려움으로 너무나 쉽게 스스로 '호모 사케르'의 존재가 되고 있다고 지적하였다.

이에 즉각적인 반응들이 쏟아졌다. 대다수는 부정적이었다. 이탈리아의 철학자 로베르토 에스포지토(Roberto Esposito, 1950-)는 현 상황이 아감벤이 논의하는 전체주의적 상황이 아닌 공권력의 붕괴라 보았고, 세르지오 벤베누토(Sergio Benvenuto, 1948-)는 이동제한령과 봉쇄령은 생명정치적인 선택이었다고 하며 아감벤을 반박하였다. 장-뤽 낭시(Jean-Luc Nancy, 1940-)도 아감벤이 논의한 '예외상태'에서 지금까지 존재하지 않았던 새로운 세계 단위의 규칙이 생겨날 것이고 이로 인해 인류의 삶이 나아질 수 있다고 보았다. 슬라보예 지젝(Slavoj Žižek, 1949-)도 아감벤을 직접 반박하지는 않았지만, 저서를 통해 다른 시각을 보여 줬다. 이런 학자들의 논쟁에 아감벤은 2020년 3월 28일 『르 몽드(Le Monde)』에서 다음과 같이 답변했다.

"저는 바이러스학자도, 의사도 아닙니다. 단지 전염병에서 비롯한 극도로 심각한 윤리적, 정치적 변화에 관심이 있습니다."

아감벤은 바이러스학자와 의사, 철학자와 정치학자 등 모든 분야에서 치열하게 논의되던 팬데믹을 지극히 인문학적인 고찰로 접근했을 뿐이다. 이 글들을 한국 독자들에게 소개하기로 마음먹은 이유도 이 때문이다. 아감벤은 당장의 바이러스 퇴치나 백신의 개발, 상용화가 주제가 아닌 바이러스 사태를 계기로 발현된 현대 사회의 문제를 꼬집고자 했다. 바이오보안과 종교가 되어 버린 의학, 그리고 공산주의와 자본주의 시스템의 결합 등. 그는 인류를 품고 있는 사회가, 우리의 집이 불타고 있다고 보았다. 사실상 이미 불길은 걷잡을 수 없이 번지고 있었고, 단지 코로나 바이러스로 인해 그것이 벌거벗겨졌을 뿐이라고. 이러한 아감벤의 생각에 관한 판단은 온전히 독자에게 맡기고자 한다.

'두려움이란 무엇인가?'라는 글에서 아감벤은 팬데믹 시대에 우리가 갖는 두려움의 근원을 하이데거의 존재론을 통해 구체화하고자 하였고, '집이 불탈 때'를 통해서는 최근 대두된 인류세(人類世)의 관점에서 팬데믹이 필연적으로 도래할 수밖에 없었다는 점을 시적인 문장으로 은유하였다. 그리고 '가이아와 크토니아'에서는 보다 넓은 시야로 신화적이고 다소 지질학적인 관점에서, 인류가 아닌 생명의 단위에서 문제를 고찰하였다. 이 글들에서 아감벤의 사유는 시대를 아우르고 문예사조를 넘나든다. 어렵게 다가올 수도 있는 문장들이 이 시대의 우리에게 필요한 이유는 분명하다. 눈앞에서 벌어지고 있는 사회 질서의 변화를 보다 냉철하게 그리고 다양한 시각으로 바라볼 수 있게 도와주기 때문이다.

팬데믹에 관한 학자들 간의 논쟁이 1년이 훌쩍 지난 이 시점에서 살펴보면 앞서 언급한 학자들의 의견은 결론적으로 모두 맞는 것 같다. 에스포지토의 말처럼 공권력이 붕괴되는 상황이 연출되었고, 벤베누토의 의견처럼 최악으로 치달았던 이탈리아와 유럽에서 이동제한령과 봉쇄령은 직면할 수밖에 없는 상황이었으며, 낭시의 말처럼 지금까지 알려지지 않은 새로운 질서, 규칙이 등장하고 있다.

어쩌면 아감벤의 이야기처럼 이 '예외상태'는 더 이상 '긴급 상황'이 아닌 노멀, 그러니까 뉴노멀이 사실상 '예외상태'를 의미할지도 모르겠다. 그리고 이 뉴노멀이라고 하는 것은 아감벤의 생각처럼 이 문명의, 인류세의, 이러한 형태의 생명의 끝을 말하는 것일 수도 있다. 모든 것이 불확실하고 모호하다.

지금 우리는 변화해 가는 세상에 대한 근원적인 불안과 고민 속에 삶을 이어 가고 있다. 백신이 개발되어 접종을 시작했지만, 백신과 함께 변종도 발견되고 있다. 분명한 것은 우리의 삶은 이미 코로나 사태 이전으로, 아감벤의 말처럼 바이러스로 인해 드러난 우리가 모른 척하였던 그 '거대한 전환' 이전으로 돌아갈 수 없다. 어떤 식으로든 코로나는 인류에게 사회적·정치적·문화적 트라우마를 매우 난해하고 불확실한 방식으로 삶의 모든 곳에 남기고 있다.

그렇기 때문에 아감벤이 던진 추상적이고 모호한 철학적 물음이 이 팬데믹 상황에서 진실을 찾는 유일한 질문일지도 모르겠다. "우리는 어디에서 왔는가?" 또는 "우리는 어디로 가는가?"라는 질문을 철학자들이 수세기 동안 했던 것처럼, 그리고 수많은 거짓 속에 진실을 추구하였던 것처럼 말이다. 언제까지 이어질지 모르는 채 격리되어 디지털 기계로만 접촉하는 우리의 삶에서 인간성은 어떻게 구현할 수 있을 것인가. 아감벤의 글들을 읽고 현재 진행 중인 팬데믹이 말하고 있는 진실은 무엇인지 고민해 보아야 할 것이다.

이 책은 걸음마를 떼자마자 마스크를 써야 했던 아이들의 앞날과 우리는 지금 어디쯤에 있는지를 치열하게 고민하고 생각하면서 만들었다. 지금도 계속되는 팬데믹에 관한 다양한 논의에 이 책에 담긴 아감벤의 사유가 더해진다면 바랄 것이 없겠다. 꼼꼼하게 도와주신 효형출판 식구들, 특히 송형근 팀장님께 감사 인사를 전하고 싶다. 그리고 늘 지지를 아끼지 않는 가족들에게도, 마지막으로 부족한 역자에게 흔쾌히 출판을 허락해 주신 아감벤에게도 감사의 말을 전한다.

2021년 5월
박문정

얼굴 없는 인간

팬데믹에 대한 인문적 사유

1판 1쇄 발행 | 2021년 6월 25일
1판 2쇄 발행 | 2021년 7월 20일

지은이 조르조 아감벤
옮긴이 박문정

펴낸이 송영만
디자인 자문 최웅림
편집 송형근 김미란 이상지 이태은
마케팅 이유림 조희연

펴낸곳 효형출판
출판등록 1994년 9월 16일 제406-2003-031호
주소 10881 경기도 파주시 회동길 125-11(파주출판도시)
이메일 editor@hyohyung.co.kr
홈페이지 www.hyohyung.co.kr
전화 031 955 7600 | 팩스 031 955 7610

©Giorgio Agamben, 2021
ISBN 978-89-5872-177-2 93160

값 15,000원